C による
アルゴリズムと
データ構造

松原 雅文・山田 敬三 共著

森北出版

Algorithms and Data Structures

書籍中のプログラムのソースコードは下記ページからダウンロードできます.

https://www.morikita.co.jp/books/mid/081871

まえがき

　昨今，プログラミング言語は高機能化しライブラリも充実しており，本書で扱うようなアルゴリズムを直接実装する場面はとても少ない．そんな中で，アルゴリズムを学習する意義は，次の二つが考えられる．一つは，計算量の見積もりができるようになること，もう一つは，計算の正しさへの意識付けである．計算機はプログラムされたとおり素早く繰り返し計算することができるが，計算の意味や正しさは人間の領域に属する．つまり，計算機がこれらを考慮することはない．

　コンピュータとは，変数という「値を入れておく箱」を用意し，その値を自由に書き換えることができる機械である．プログラムとは，いつ，どのような変数を用意し，どの順番で，どんな値に書き換えるかを記した，コンピュータへの指示書である．一方，アルゴリズムとは，問題の解法，とくにコンピュータを用いた解法であり，データ構造とは，データを記憶し操作するための表現形式である．このアルゴリズムとデータ構造を目的に合致するように設計することにより，効率がよく，見通しのよいプログラムを作成することができる．

　本書では，整列（ソート），リスト，探索，文字列照合などの簡単で基本的なアルゴリズムを紹介するとともに，その実装例（プログラム）を示すことで，実装レベルでのアルゴリズムの表現を学ぶ．本書は，岩手県立大学ソフトウェア情報学部の演習科目「ソフトウェア演習 C」で，2015 年まで使用されたテキストをもとに，構成から改めて作成したものである．各章の執筆担当は次のとおりである．

第 1 章 アルゴリズムとデータ構造：松原　　　**第 9 章** 線形連結リスト：松原
第 2 章 代表的なソート：山田　　　　　　　　**第 10 章** 循環・重連結リスト：松原
第 3 章 比較によらないソート：松原　　　　　**第 11 章** 線形探索，二分探索：山田
第 4 章 クイックソート：松原　　　　　　　　**第 12 章** ハッシュ法：松原
第 5 章 スタックとキュー：山田　　　　　　　**第 13 章** 文字列照合：山田
第 6 章 グラフ探索：山田　　　　　　　　　　**第 14 章** ヒープ：松原
第 7 章 最短経路問題：松原　　　　　　　　　**第 15 章** ファイルのソート：松原
第 8 章 二分探索木：山田

　末筆ながら本書の作成にあたってご協力をいただいた方々に感謝します．
　「ソフトウェア演習 C」を担当されてきた先生方をはじめ，受講してくれた卒業生や在校生に感謝します．さらに，出版にあたっては森北出版株式会社出版部の大野裕司氏にご尽力いただきました．みなさま方にこの場を借りてお礼申し上げます．

2021 年 6 月　　　　　　　　　　　　　　　　　　　　　　　　　　　　　著者

目　次

第 1 章

アルゴリズムとデータ構造

　ある特定の問題を，コンピュータを用いて解決するための方法や計算手順，手続きをアルゴリズム（algorithm）とよぶ．また，あるデータ群を効率よく操作するには，そのために都合のよいようにデータ群を構造化する必要がある．この構造化のために導入されるデータ間の関係を，データ構造（data structure）とよぶ．

　プログラムを作成するときには，既存のアルゴリズムやデータ構造を利用する場合が多い．とくに大量のデータを扱うプログラムを開発するときには，この既存のアルゴリズムやデータ構造の選択が，その効率のよさに大きく影響する．それぞれのアルゴリズムやデータ構造には，長所と短所が存在する．よって，効率のよいプログラムを作成するためには，目的に合致したアルゴリズムやデータ構造を選択する必要があり，そのためには，それぞれのアルゴリズムやデータ構造の特徴を知っておく必要がある．すなわち，さまざまなアルゴリズムやデータ構造を学習することは，プログラミングを行ううえで重要なことといえる．

1.1 　アルゴリズム

　一般的な意味でのアルゴリズムとは，ある特定の問題を解いたり，課題を解決したりするための計算手順や処理手順のことを指す．よって，人間が日常行う料理や洗濯といった手順も，アルゴリズムといえるかもしれない．しかしながら，ここでは，コンピュータで処理するための具体的な手順が示されているものに限ってアルゴリズム[*1]とよぶ．そのため，その方法や手順を厳密に定義できない調理方法[*2]などは，ここではアルゴリズムとはよばない．

　このアルゴリズムに具体的なデータを与えたものがプログラムとなることから，以下が成り立つ．

$$プログラム ＝ アルゴリズム ＋ データ$$

[*1]　アルゴリズムの語源は，イランの数学者・天文学者，アル＝フワーリズミーにちなむといわれている．
[*2]　有名料理店のレシピを厳密に定義したアルゴリズムが存在すれば，それに基づき，誰もが（たとえ，それがロボットであったとしても）まったく同一の味を再現できることになる．

当然ながら，アルゴリズムとデータはともに曖昧さを一切含まないので，このプログラムをコンピュータで実行すると，何回繰り返しても，必ず同じ結果が返ってくる．

ここで，例として，以下の問題を取り上げる．この問題を解くアルゴリズムを考えてみよう．

> 整数 $1 \sim n$ の総和を求める．

さて，どのようなアルゴリズムを思いついただろうか？ いくつものアルゴリズムが存在するが，典型的には，「$1 \sim n$ の値を順番に足し込んでいく」というものが考えられる．このアルゴリズムを数式で表すと，以下のようになる．

$$\sum_{i=1}^{n} i = 1 + 2 + 3 + \cdots + n$$

このアルゴリズムに，$n = 10$ という具体的なデータを与えた（C言語の）プログラムを以下に示す．

```
n=10; s=0;              /* データ */

for(i=1; i<=n; i++){    /* アルゴリズム */
    s=s+i;
}
```

これはたしかに，アルゴリズムとデータから構成されている．後半の for ループ部分がアルゴリズムであり，最初の初期設定部分「n=10; s=0;」がデータに対応する．データとして n=10 という値が与えられているので，このプログラムは，何回実行しても，必ず同一の結果 55 を返す．実際，整数 $1 \sim 10$ の総和は 55 なので，このプログラム（アルゴリズム）は正しいものであるといえる．

問 1.1 以下を実現するアルゴリズムが存在するか，それぞれ考えて答えよ．
(1) n 枚の衣類に対する自分流のこだわり洗濯
(2) n 個のデータにおける任意データの探索
(3) n 軒の訪問先を 1 軒ずつ訪問して元の場所に戻る最短経路の探索
(4) n 文からなる英語文章の日本語文章への完璧な翻訳

解答例
(1) こだわりの洗濯手順を厳密に定義するのは困難であり，各処理手順に曖昧さが残ることから，存在しない．
(2) 存在する．具体的なアルゴリズムは後述するが，効率のよいアルゴリズムをぜひ自分でも考えてみてほしい．
(3) 存在する．しかしながら，NP 困難な問題の一種であり，現在のコンピュータにおいて

実時間での処理が可能なアルゴリズムはいまだ知られていない.

(4) 存在しない. 完璧な翻訳処理の実現は自然言語処理研究の長年の夢である.

1.2 計算量

アルゴリズムの処理効率について考える. ここでの処理効率とは, 計算の回数（手間）を指す. よって, 上述のアルゴリズムにおいて, 何回の計算が必要となるかを検証してみよう. for ループ中で計算を行っている部分は,「i<=n」,「i++」,「s=s+i」の3箇所である[*3]. ループなので, これをおおむね n 回繰り返すことになる[*4]. よって, このアルゴリズムにおける全体の計算回数はおよそ $3n$ 回となる. はたして, この計算効率はよいといえるのだろうか？

以下に示す, 別のアルゴリズムを考えてみよう[*5].

> $1 \sim n$ の和を二つ用意する. ただし, 一つは逆順に並べ, それぞれの項を加算する. それぞれの加算結果は $n+1$ となり, これが n 個存在することになる.
>
> $$\begin{array}{ccccccccccc} & 1 & + & 2 & + & 3 & + & \cdots & + & (n-1) & + & n \\ + & n & + & (n-1) & + & (n-2) & + & \cdots & + & 2 & + & 1 \\ \hline (n+1) & + & (n+1) & + & (n+1) & + & \cdots & + & (n+1) & + & (n+1) \end{array}$$
>
> $$= n(n+1)$$
>
> しかし, これは最初に $1 \sim n$ の和を二つ用意した結果なので, 2 で割る.

このアルゴリズムは, 以下の数式で表すことができる.

$$\sum_{i=1}^{n} i = \frac{n(n+1)}{2}$$

先ほどと同様に, $n = 10$ というデータを与えたプログラムを以下に示す.

```
n=10; s=0;      /* データ */
s=n*(n+1)/2;    /* アルゴリズム */
```

後半の「s=n*(n+1)/2;」部分がアルゴリズムである. 計算を行っている部分は 3 箇所存在するが, これはループではないので, 当然, 繰り返す必要はない. よって, こ

[*3] 比較 (<) も計算としてカウントする. また, 代入も一種の計算なので, s=s+i での計算は 2 回とも考えられるが, ここでは 1 回とカウントしておく.

[*4] 正確には「i<=n」は $n+1$ 回評価されている.

[*5] ドイツの数学者, （カール・フリードリヒ・）ガウスが小学生時代に考案したといわれている.

のアルゴリズムにおける全体の計算回数は 3 回となる.

さて，このようにして求められた二つのアルゴリズムに対する計算回数「$3n$」と「3」だが，これらには決定的な違いがある．それは，n に依存しているかどうか，ということである．計算回数「$3n$」は n に依存するが，計算回数「3」は n に依存していない．これを評価する計算効率の指標を**計算量**（computational complexity）とよび，計算回数「$3n$」であるアルゴリズムの計算量は $O(n)$，計算回数「3」であるアルゴリズムの計算量は $O(1)$ と記述される *6.

問題空間（データ数）n について，その計算量は一般に以下のようになる（A は定数）.

$$1 < \log_A n < n < n \log_A n < n^A < A^n$$

計算量が少なければ少ないほど，そのアルゴリズムは高速であるといえる．よって，$O(1)$ で表されるアルゴリズムは最も高速であることになる．逆に，現在の（プログラム格納方式の）ノイマン型コンピュータにおいて実行可能な処理は，最大でも多項式時間，すなわち，$O(n^A)$ で表されるものに限られる．よって，指数時間以上，すなわち，$O(A^n)$ 以上の計算量を必要とする処理は，実時間での計算が不可能となる *7.

なお，正確には，計算量としては，上記のような計算回数を表す**時間計算量**（time complexity）と，問題を解くときに必要な記憶領域を表す**空間（領域）計算量**（space complexity）の 2 種類が存在する．ふつう，単に計算量といった場合には，時間計算量のことを指す．

後述するソート法をはじめ，世の中にはさまざまなアルゴリズムが存在する．一般に，これらのアルゴリズムの効率を評価する尺度として，この計算量が使用される．たとえば，ソート法における単純選択法（2.2 節）やバブルソート法（2.4 節）のアルゴリズムは，単純なので実現しやすいという利点があるが，計算量は $O(n^2)$ であり，扱うデータ数が多くなると，非常に手間のかかる手法である．これに対し，クイックソート法（第 4 章）はアルゴリズムが若干複雑だが，計算量は $O(n \log n)$ なので，データ数が多くなっても比較的少ない手間でソートを実現できる．このように，扱うデータ数などによりどのアルゴリズムを使用するべきかが異なってくるので，それぞれのアルゴリズムにおける計算量を知っておく必要がある.

問 1.2　データ数 n について，次で表される計算回数をもつアルゴリズムの（時間）計算量をそれぞれ答えよ.

(1) 500　　　(2) $2n^3 + 5n^2 + n$　　　(3) $7n + 2n \log n$

---

*6　おおざっぱには，計算回数の大まかな量を捉えており，C 言語などでのプログラムにおいては，そのループの「入れ子」の個数に依存する.

*7　問 1.1(3) の巡回セールスマン問題など，いわゆる NP 問題とよばれるものである．将来的には，量子コンピュータで解決可能かもしれない.

解答例

(1) $O(1)$ … n に依存しないことから，定数オーダーの計算量となる．

(2) $O(n^3)$ … 計算量は，最も高い次数に依存する．

(3) $O(n \log n)$

1.3 レコード

　データ構造の代表的なものとして，**レコード**（record）があげられる．データ処理を行う場合，1件分のデータは，図 1.1(a) に示すように，**キー部**（key）と**データ部**（data）で構成され，これが一般にレコードとよばれる[*8]．通常，データは1件だけではなく複数のデータをもつデータ群，つまりレコードの集合として扱われる．このレコードの集合は，図 (b) のように**テーブル**（table）として表現される[*9]．テーブルをハードディスクなどの記憶媒体で扱う場合は，ファイルとして表現される．

　レコードの中のキーはデータを識別するための情報を示すもので，たとえば，学生の成績を管理する場合は学籍番号や氏名がキーとして使用され，また電話帳では店舗名や氏名がキーとして使用される．ふつう，このキーを対象として，ソートや探索などの処理が行われる．よって，適切に設定しないと該当するデータが存在しなかったり，重複したりして都合が悪いので，キーの設定は慎重に行う必要がある．

問 1.3 次の項目をレコードで管理するとき，キーとデータはそれぞれ何を選ぶのが適切か，答えよ．

(1) 各個人の住所を管理する．

(2) どの学生がどのコンピュータを使用しているかを管理する．

(3) 商品の在庫数を管理する．

キー部　データ部

キー部	データ部

キー部	データ部

（a）レコード　　　　　　　（b）テーブル

図 1.1　レコード，テーブル

[*8] C 言語における構造体がイメージしやすいだろう．

[*9] 同様に，構造体の配列がイメージしやすいだろう．

解答例

(1) キー：氏名，データ：住所

各個人を特定するため氏名をキーとする．しかしながら，実際には，同姓同名などが考えられるので，使用可能であればマイナンバーなどのほうがキーとして優れている．

(2) キー：学籍番号，データ：コンピュータ名（マシン ID）

同姓同名などを考慮し，学生氏名よりも学籍番号のほうがキーとして適切と考えられる．

(3) キー：商品名（商品 ID），データ：商品個数

同じ商品名が存在することも考えられるので，商品 ID などがあればそちらのほうがキーとして優れている．

まとめ

　本章では，アルゴリズムとデータ構造について述べた．特定の問題を解決するための方法がアルゴリズムであり，その際にデータ群を効率よく操作するために使用するデータの構造をデータ構造とよぶ．アルゴリズムの効率は，計算量により評価されることが多い．よって，この計算量も考慮しながら，目的にあわせて，適切なアルゴリズムやデータ構造を選択することが重要である．

章末問題

　単に問題の解法を学ぶだけではなく，実装レベルでのアルゴリズムの表現を学ぶことによるメリットをあげよ．

第 **2** 章

代表的なソート

　学生の成績表のデータを学籍番号順や成績順に並べ替えるように，レコード群について，あるキーの昇順（小さい順）や降順（大きい順）に並べ替えることを，**ソーティング**（sorting）もしくは単に**ソート**（sort）とよぶ．実務システムにおいて伝票などを納期の順に並べ替える，製品のコード番号順に並べ替えるなど，ソートは非常に多くの場面で利用される．本章では，単純で代表的なソーティングアルゴリズムとして，単純選択法，単純挿入法，バブルソート法を紹介する．アルゴリズムの解説では，レコードがキー部のみからなるものを対象としているが，一般にはそうでない場合が多いので注意する．

2.1　内部ソートと外部ソート

　レコード群がコンピュータのメモリ領域内に直接アクセス可能な配列として記憶されているとき，このレコード群はテーブルとよばれ，このテーブルに対するソートを内部ソート（internal sort）とよぶ．一方，フロッピーディスクや磁気テープなど，外部記憶媒体へのアクセスを前提として記憶されているとき，このレコード群はファイルとよばれ，このファイルに対するソートを外部ソート（external sort）とよぶ．一般に，内部ソートでは高速に処理を行うことが目標となる．一方で，外部ソートの場合，データの順序を交換することはファイルの読み書きにほかならず，処理に時間を要することから，できるだけ交換の回数を減らすことが要求される．このように，実際のソートでは対象を明らかにし，その対象にあわせたアルゴリズムを利用する必要がある．単にソートといった場合には，ふつう，内部ソートを指す．さらに本書では，とくに指定がなければ昇順のソートを考える．

　なお，内部ソートにおいては，ソート対象となるデータは，すべて内部記憶装置内のメモリ領域に確保しておく必要がある．内部記憶装置は外部記憶装置に対して圧倒的に高価であり，低容量である．よって，内部ソートを実現する際には，それに必要な記憶領域についても十分注意する．これは，空間（領域）計算量として定義される．データ数 n に対して処理を行う際に，たかだか n に比例する程度の記憶領域が必要な

場合，その空間計算量は $O(n)$ と表される．一般に，内部ソートにおいては，その空間計算量は最大でも $O(n)$ 未満である必要がある．

2.2　単純選択法

● アルゴリズム

たとえば，クラスのテストの答案を学籍番号順に並べる状況を考える．このとき，単純選択法（selection sort）のアイディアは，次のように表される．まず手元の答案の中から最も番号の小さな答案を見つけ出して，裏を向けて机に置く．さらに，残った答案の中から最も番号の小さな答案を見つけ出して，裏を向けて最初の答案に重ねて置く．この作業を，手元の答案がなくなるまで繰り返せば，机の上にソートできた答案が積み上がる，というものである．

このアイディアに基づけば，次のような手順になる．ただし，最小要素を取り出して別のところに並べるかわりに，先頭要素と入れ替えるようにする．まず，全体で最小要素を選び出し，左端と入れ替える．次に，それを除いた残りの中から最小要素を選び出し，残りの部分の左端と入れ替える．これが 2 番目に小さい要素となる．同様に，3 番目，4 番目と選びながら続けていくと，最終的には昇順に並べ替えが完了する．

n 個のデータが配列 a[0]〜a[n - 1] にあるとき，次のようなアルゴリズムになる．

> ■1　変数 i を最小要素を入れる配列番号として扱い，■2の操作を，i = 0〜n - 2 について繰り返す．
> ■2　a[i]〜a[n - 1] の中から，最小要素 a[k] を探し，a[i] と入れ替える．

ここで，a[n - 1] まで最小値を求めないのは，a[n - 2] までの値が決まれば，必然的に a[n - 1] も決まるからである．図 2.1 に，n = 10 のときの例をあげる．

● 処理の流れ

このアルゴリズムを実際にプログラムにすると，次の selection.c のようになる．

```
/* selection.c: 単純選択法 (selection sort) */
#include <stdio.h>

#define n 10   /* 配列の要素数 */

/* 配列データ */
static int a[n] = {6, 9, 12, 7, 15, 23, 2, 10, 4, 20};
```

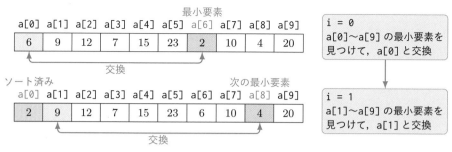

図 2.1　単純選択法

```c
int main()
{
  int i, j;  /* ループカウンタ */
  int k;     /* 最小値の要素番号 */
  int temp;  /* 交換用 */

  /* ソート前の配列を表示 */
  for (i = 0; i < n; i++)
    printf("%3d", a[i]);
  printf("\n");

  /* 単純選択法でソート */
  for (i = 0; i < n - 1; i++) {
    k = i;
    for (j = i + 1; j < n; j++)
      if (a[k] > a[j])  /* 最小要素を検索 */
        k = j;

    temp = a[i];        /* 検索範囲の最初の要素と交換 */
    a[i] = a[k];
    a[k] = temp;

    /* 最小要素選択後の配列を表示 */
    for (j = 0; j < n; j++)
      printf("%3d", a[j]);
    printf("\n");
  }

  return 0;
}
```

　このプログラムでは，二重のループを使用している．外側のループ（制御変数 i）は最小要素を入れるための配列番号を決めており，内側のループ（制御変数 j）では，検索範囲の最小要素を検索している．内側のループで1回の検索が終わり，最小要素が見つかると，検索範囲の最初の要素と交換する．これにより，最小要素が配列の最初のほうから並び，結果としてソートが行われる．たとえば，初回の内側のループで，検

索範囲（a[0]～a[9]）で最小となる k = 6（a[k] = 2）を見つけ，ループを抜けて左端の a[0] と値を交換する．次に，検索範囲を一つ狭めて，その中（a[1]～a[9]）から最小となる k = 8（a[k] = 4）を見つけ，ループを抜けて左端の a[1] と値を交換する，という作業を繰り返す．このプログラムの実行結果は，次のようになる．

```
$ cc -o selection selection.c
$ ./selection
  6  9 12  7 15 23  2 10  4 20
  2  9 12  7 15 23  6 10  4 20
  2  4 12  7 15 23  6 10  9 20
  2  4  6  7 15 23 12 10  9 20
  2  4  6  7 15 23 12 10  9 20
  2  4  6  7  9 23 12 10 15 20
  2  4  6  7  9 10 12 23 15 20
  2  4  6  7  9 10 12 23 15 20
  2  4  6  7  9 10 12 15 23 20
  2  4  6  7  9 10 12 15 20 23
```

この実行結果から，単純選択法によるソートの様子がわかる．

このようなプログラムの手間（計算量）を測る基準として，ソートの場合，キーの比較回数 C とデータの置換回数 M が用いられる．一般に，すべてのキーの比較に対してデータの置換が行われるとは限らないので，$C \geq M$ がいえる．よって，一般にはキーの比較回数が少ないもののほうが高速なソートを実現できると考えられる．一方で，1 件ずつのデータサイズが大きいものをソートする場合などでは，たとえキーの比較回数が多くても，データの置換回数が少ないほうが高速になることもある．このように，目的に応じて基準を選択する必要がある．また，与えられた配列の初期状態によってそれぞれの回数が変わることもある．一般に，これらの基準は平均を用いることで評価できるが，ソートの対象によっては最大値，つまり最悪の場合における回数を基準にする必要もある．よって，データの置換回数は最小値（$M_{\min}$），平均値（M_{ave}），最大値（$M_{\max}$）と区別して評価される．

単純選択法では，キーの比較回数 C は配列の初期状態に影響されない．要素が n 個あったとき，内側のループ内での比較回数は $n-1$ 回となる．次は $n-1$ 個の要素の比較となるので，内側のループ内での比較回数は $n-2$ 回となる．順次このように考えると，全体での比較回数は次のようになる．

$$C = (n-1) + (n-2) + \cdots + 2 + 1 = \sum_{k=1}^{n-1} k = \frac{1}{2}(n^2 - n)$$

また，データの置換回数 [*1] M は，自分自身を置き換える場合（検索範囲の左端が最小の要素だった場合）を含めると，1 回の内側のループで 1 回の置き換えがあるので，次

*1　文献によっては変数への代入の回数で示している場合がある．

のようになる.

$$M = n - 1$$

なお，データの比較と置換では，1回の処理時間は置換のほうが長くかかる場合が多い．しかし，与えられる配列のサイズ n が大きくなるに従い，置換回数に比べて比較回数のほうがはるかに大きくなっていくので，単純選択法の計算量は $O(n^2)$ と見積もるべきである．また，空間計算量は，実装例を見てわかるように，n に関係なく一定の領域（`i`，`j`，`k`，`temp`）しか消費しないので，$O(1)$ と見積もることができる．

問 2.1　10個のデータからなる以下の配列 a[] について，単純選択法を用いて昇順にソートするときの置換結果（配列の状態）を，本文の実行結果にならって，すべて記せ．

a[]: 13, 22, 12, 10, 29, 14, 20, 18, 24, 28

解答例　次のようになる．ただし自分自身の置き換えは省略している．

a[]: 13, 22, 12, 10, 29, 14, 20, 18, 24, 28
a[]: 10, 22, 12, 13, 29, 14, 20, 18, 24, 28
a[]: 10, 12, 22, 13, 29, 14, 20, 18, 24, 28
a[]: 10, 12, 13, 22, 29, 14, 20, 18, 24, 28
a[]: 10, 12, 13, 14, 29, 22, 20, 18, 24, 28
a[]: 10, 12, 13, 14, 18, 22, 20, 29, 24, 28
a[]: 10, 12, 13, 14, 18, 20, 22, 29, 24, 28
a[]: 10, 12, 13, 14, 18, 20, 22, 24, 29, 28
a[]: 10, 12, 13, 14, 18, 20, 22, 24, 28, 29

2.3　単純挿入法

● アルゴリズム

本節では，**単純挿入法**（insertion sort）について解説する．単純挿入法は，すでにソート済みの列に，新しい要素を適切な位置に順次挿入することで，ソートを行うアルゴリズムである．

単純挿入法のアイディアは，単純選択法のときと同様にクラスのテストの答案を学籍番号順に並べる状況を考えると，次のようになる．答案を机の上に積んでおき，まず，いちばん上の答案を手にとる．次に，2枚目の答案をとって，番号が1枚目より小さければ1枚目の上に重ねて持ち，大きければ下に重ねて持つ．さらに，3枚目の答案をとって，1枚目より小さければ1枚目の上に重ねて持ち，2枚目より小さければ1枚目と2枚目の間に入れて持ち，2枚目より大きければいちばん下に重ねて持つ．こ

のように，机の上から答案を1枚とって手元の答案の束に入れるときに，手元の答案がソートされた状態が保たれる場所に挿入する．この作業を机の上の答案がなくなるまで繰り返せば，手元にソートされた答案の束ができあがる．

n個のデータが配列a[0]〜a[n - 1]にあるとき，単純挿入法は次のようなアルゴリズムになる．

1. 変数iを挿入する要素の配列番号として扱い，2〜4の操作を，i = 1〜n - 1について繰り返す．
2. すでにソート済みのa[0]〜a[i - 1]の中で，a[i]が入るべき位置kを見つける（a[i]が最大のときはk = i）．
3. a[k]〜a[i - 1]を一つ後ろにずらす（k = iのときは何もしない）．
4. a[i]の値を，空いたa[k]に代入する．

● 処理の流れ

図2.2に，n = 8で，i = 3からの例をあげる（i = 2までソート済み）．まず，この状態では，a[3] = 4を3と7の間に挿入すればよいことがわかるので，7を一つ右にずらして，できた隙間に4を入れる．次に，a[4] = 8はk = iの場合なので，何もしない．a[5] = 1は先頭に挿入すべきなので，8，7，4，3，2を順に一つずつ右にずらして，先頭を空けて一番前に1を挿入する，というように処理が進んでいく．

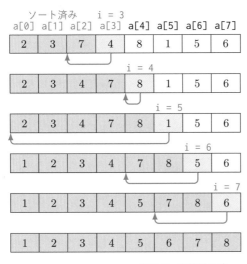

図2.2　単純挿入法

単純挿入法の実装例は，次のプログラム insertion.c のようになる．

```c
/* insertion.c: 単純挿入法 (insertion sort) */
#include <stdio.h>

#define n 8   /* 配列の要素数 */

/* 配列データ */
static int a[n] = {7, 2, 3, 4, 8, 1, 5, 6};

int main()
{
  int i, j, k; /* 制御変数 */
  int temp; /* 挿入用 */

  /* ソート前の配列を表示 */
  for (i = 0; i < n; i++)
    printf("%3d", a[i]);
  printf("\n");

  for (i = 1; i < n; i++) {
    temp = a[i];
    j = i;
    while (j > 0 && a[j - 1] > temp) {   /* 挿入すべき位置を見つける */
      a[j] = a[j - 1];   /* 一つ後ろにずらす */
      j = j - 1;
    }
    a[j] = temp;   /* ここに挿入する */

    /* 挿入後の配列を表示 */
    for (k = 0; k < n; k++)
      printf("%3d", a[k]);
    printf("\n");
  }
}
```

このプログラムでは，**2**と**3**の操作を，別々の処理としてではなく，同時に while
ループの中で行っている．このプログラムの実行例は，次のようになる．

```
$ cc -o insertion insertion.c
$ ./insertion
  7  2  3  4  8  1  5  6
  2  7  3  4  8  1  5  6
  2  3  7  4  8  1  5  6
  2  3  4  7  8  1  5  6
  2  3  4  7  8  1  5  6
  1  2  3  4  7  8  5  6
  1  2  3  4  5  7  8  6
  1  2  3  4  5  6  7  8
```

単純挿入法の計算量は，「データを一つ後ろにずらす」処理の回数で見積もる．この処理が実行される回数は，単純選択法と同様，与えられた配列のサイズ n のたかだか2乗に比例する程度なので，単純挿入法の計算量は $O(n^2)$ と見積もられる．また，空間計算量は，実装例を見てもわかるように，n に関係なく一定の領域（i，j，temp）しか消費しないので，$O(1)$ と見積もられる．なお，k は実行の様子を表示するために使っているので，空間計算量には含めない．

問 2.2 10 個のデータからなる以下の配列 a[] について，単純挿入法を用いて昇順にソートするときの挿入結果（配列の状態）を，本文の実行結果にならって，すべて記せ．

a[]：13, 22, 12, 10, 29, 14, 20, 18, 24, 28

解答例 次のようになる．ただし，状態が変わらなかった場合は省略している．
a[]：13, 22, 12, 10, 29, 14, 20, 18, 24, 28
a[]：12, 13, 22, 10, 29, 14, 20, 18, 24, 28
a[]：10, 12, 13, 22, 29, 14, 20, 18, 24, 28
a[]：10, 12, 13, 14, 22, 29, 20, 18, 24, 28
a[]：10, 12, 13, 14, 20, 22, 29, 18, 24, 28
a[]：10, 12, 13, 14, 18, 20, 22, 29, 24, 28
a[]：10, 12, 13, 14, 18, 20, 22, 24, 29, 28
a[]：10, 12, 13, 14, 18, 20, 22, 24, 28, 29

2.4 バブルソート法

● アルゴリズム

本節では，**バブルソート法**（bubble sort）について解説する．バブルソート法のアイディアは，次のような状況を想像することで自然に理解できる．小学生のときの体育の授業で，背の低い順に一列で並ぶ場面があり，児童が自主的に並んでから，先生が，前後の児童の背を比べて調整していた．現在でもこのような習慣があるかどうかはわからないが，このように隣どうしを比べて，順序を調整することを繰り返すことによってソートが完成する．もちろん，どの隣どうしのペアを選んで調整するかはシステマティックに決めて，どんな状態の配列からでもソートが完了するようにする．

バブルソート法では，図 2.3 に示すように，与えられた配列の後方から順次隣どうしを比較し，小さいほうの要素を前方向に移動させていくことで，最小要素を先頭に移動させる．この操作を (要素数 − 1) 回繰り返すことで，配列全体がソートされる．

n 個のデータが配列 a[0]〜a[n - 1] にあるとき，次のようなアルゴリズムになる．

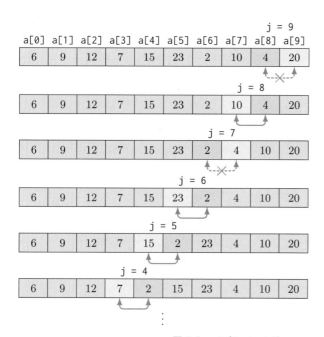

隣どうしの比較と交換を繰り返して，小さい要素を前方へ移動する

図 2.3 バブルソート法

① i = 0〜n − 2について，②〜④を繰り返す.
② jをn − 1とする.
③ a[j − 1] と a[j] を比較し，a[j] のほうが小さければ，a[j − 1] と a[j] を交換する.
④ jを1減らす. 減らしたjに対してj > iであれば，③に戻る.

　ここで，a[n − 1] まで最小値を求めないのは，単純選択法と同様に，a[n − 2] までの値が決まれば必然的に a[n − 1] も決まるからである.

● 処理の流れ
　具体的には，次のようにソートを行う. はじめに与えられたデータが

```
6  9 12  7 15 23  2 10  4 20
```

であった場合，アルゴリズムの手順②，③を繰り返し，要素2が先頭に到達する.

```
2  6  9 12  7 15 23  4 10 20
```

次に，i の値を 1 増やし，a[n - 1] から a[1] までで交換操作を行う．この結果，要素 4 が先頭に移動し，

```
2  4  6  9 12  7 15 23 10 20
```

となる．同様に i = 2〜n - 2 について行うと，結果として，

```
2  4  6  7  9 10 12 15 20 23
```

となる．このように，小さい値の要素があたかも泡（bubble）のように浮かび上がってくることから，バブルソート法とよばれている．

バブルソート法の実装例は，次のプログラム bubble.c のようになる．

```c
/* bubble.c: バブルソート法 (bubble sort) */
#include <stdio.h>

#define n 10   /* 配列の要素数 */

/* 配列データ */
static int a[n] = {6, 9, 12, 7, 15, 23, 2, 10, 4, 20};

int main()
{
  int i, j, k; /* 制御変数 */
  int temp; /* 置換用 */

  /* ソート前の配列を表示 */
  for (i = 0; i < n; i++)
    printf("%3d", a[i]);
  printf("\n");

  for (i = 0; i < n - 1; i++) {
    for (j = n - 1; j > i; j--) {
      if (a[j - 1] > a[j]) {
        temp = a[j - 1];
        a[j - 1] = a[j];
        a[j] = temp;

        /* 交換後の配列を表示 */
        for (k = 0; k < n; k++)
          printf("%3d", a[k]);
        printf("\n");
      }
    }
  }
}
```

このプログラムの実行結果は，次のとおりである．

```
$ cc -o bubble bubble.c
$ ./bubble
  6  9 12  7 15 23  2 10  4 20
  6  9 12  7 15 23  2  4 10 20
  6  9 12  7 15  2 23  4 10 20
  6  9 12  7  2 15 23  4 10 20
  6  9 12  2  7 15 23  4 10 20
  6  9  2 12  7 15 23  4 10 20
  6  2  9 12  7 15 23  4 10 20
  2  6  9 12  7 15 23  4 10 20
  2  6  9 12  7 15  4 23 10 20
  2  6  9 12  7  4 15 23 10 20
  2  6  9 12  4  7 15 23 10 20
  2  6  9  4 12  7 15 23 10 20
  2  6  4  9 12  7 15 23 10 20
  2  4  6  9 12  7 15 23 10 20
  2  4  6  9 12  7 15 10 23 20
  2  4  6  9 12  7 10 15 23 20
  2  4  6  9  7 12 10 15 23 20
  2  4  6  7  9 12 10 15 23 20
  2  4  6  7  9 12 10 15 20 23
  2  4  6  7  9 10 12 15 20 23
```

　バブルソート法では，初期状態で昇順に並んでいた場合にデータの置換回数は最小で，降順に並んでいた場合は比較するたびに置換するので，置換回数が最大となり，

$$M_{\min} = 0, \qquad M_{\mathrm{ave}} = \frac{1}{4}(n^2 - n), \qquad M_{\max} = \frac{1}{2}(n^2 - n)$$

となることが知られている．

　このように，アルゴリズムの実行にかかる計算回数は，どのような性質のデータを与えるかで大きく変わることがある．そのため，アルゴリズムがどのような場面で使われて，それをどのような目的で評価するかによって，計算回数の見積もり方は変わってくる．一般にバブルソート法の計算量といった場合，比較回数は与えられるデータに関係なく $\frac{1}{2}(n^2 - n)$ 回かかることや，上記の置換回数から，$O(n^2)$ と見積もる．また，空間計算量は，単純挿入法と同様に，$O(1)$ と見積もることができる．

問 2.3　10 個のデータからなる以下の配列 a[] について，バブルソート法を用いて昇順にソートするときの置換結果（配列の状態）を，本文の実行結果にならって，すべて記せ．

a[] : 13, 22, 12, 10, 29, 14, 20, 18, 24, 28

解答例

a[] : 13, 22, 12, 10, 29, 14, 20, 18, 24, 28

a[] : 13, 22, 12, 10, 29, 14, 18, 20, 24, 28

a[] : 13, 22, 12, 10, 14, 29, 18, 20, 24, 28

a[] : 13, 22, 10, 12, 14, 29, 18, 20, 24, 28
a[] : 13, 10, 22, 12, 14, 29, 18, 20, 24, 28
a[] : 10, 13, 22, 12, 14, 29, 18, 20, 24, 28
a[] : 10, 13, 22, 12, 14, 18, 29, 20, 24, 28
a[] : 10, 13, 12, 22, 14, 18, 29, 20, 24, 28
a[] : 10, 12, 13, 22, 14, 18, 29, 20, 24, 28
a[] : 10, 12, 13, 22, 14, 18, 20, 29, 24, 28
a[] : 10, 12, 13, 14, 22, 18, 20, 29, 24, 28
a[] : 10, 12, 13, 14, 22, 18, 20, 24, 29, 28
a[] : 10, 12, 13, 14, 18, 22, 20, 24, 29, 28
a[] : 10, 12, 13, 14, 18, 22, 20, 24, 28, 29
a[] : 10, 12, 13, 14, 18, 20, 22, 24, 28, 29

まとめ

　本章では，単純で代表的なソート法として，単純選択法，単純挿入法，バブルソート法の三つを紹介した．これらのソート法はいずれも発想が単純であり，実装も比較的容易である．また，必要とする記憶領域も少なくてすむ．一方，計算時間は，入力サイズの 2 乗に比例する程度かかるため，入力サイズが大きくなるような場面では採用すべきではない．最後に，単純選択法とバブルソート法はデータの置換（入れ替え）に基づくソート法であるが，単純挿入法はデータの置換は行わないことに注意する．

章末問題

　9 個のデータからなる以下の配列について，次の問いに答えよ．並べ替えはすべて昇順に行うものとする．また，各置換結果，挿入結果には，自分自身を入れ替えるような**見た目が変化しないものは含めない**ものとする．

配列：6, 9, 3, 8, 7, 5, 4, 2, 1

(1) 次の表は，単純選択法を用いてソートするときのすべての置換結果（配列の状態）を表している．空欄をすべて埋めよ．

(0)	6	9	3	8	7	5	4	2	1
(1)									
(2)									
(3)									
(4)									
(5)									
(6)									
(7)	1	2	3	4	5	6	7	8	9

(2) 次の表は，単純挿入法を用いてソートするときのすべての挿入結果（配列の状態）を表している．空欄をすべて埋めよ．

(0)	6	9	3	8	7	5	4	2	1
(1)									
(2)									
(3)									
(4)									
(5)									
(6)									
(7)	1	2	3	4	5	6	7	8	9

(3) 次の表は，バブルソート法を用いてソートするときのすべての置換結果（配列の状態）を表している．空欄をすべて埋めよ．

(0)	6	9	3	8	7	5	4	2	1
(1)									
(2)									
(3)									
(4)									
(5)									
(6)									
(7)									
(8)									
(9)									
(10)									
(11)									
(12)									
(13)									
(14)									
(15)									
(16)									
(17)									
(18)									
(19)									
(20)									
(21)									
(22)									
(23)									
(24)									
(25)									
(26)									
(27)									
(28)									
(29)	1	2	3	4	5	6	7	8	9

第 3 章

比較によらないソート法

　第2章で述べたソート手法は，いずれも，いかなるデータに対しても，どのような場面においても適用することができる汎用的なものであった．しかしながら，その時間計算量は $O(n^2)$ となっており，あまり高速とはいえない．そこで本章では，ある程度，使用される場面を限定することにより，別のアプローチから高速なソートの実現を考える．具体的には，バケットソート法と，これを応用した基数ソート法を取り上げる．

3.1　バケットソート法

● アルゴリズム

　0以上 n 未満の整数を想定し，これをソートすることを考える．当然，第2章で述べた単純選択法などの汎用的な手法でソートすることが可能である．しかしながら，ここでは，データが n 未満の整数であるという特徴を生かして，別のアプローチでソートを行う．

　いま，データを格納するため，$0 \sim n-1$ の各数値に対応する容器（バケツ）を用意する[*1]．この分だけ容器を用意することは十分に実現可能である．次に，各データを対応する容器に順番に格納していく．単純に格納するだけであり，一般的なソート手法のように数値どうしの比較を行う必要はない．ここで，同一の値が複数存在する場合には，順番を維持して一つの容器に格納する[*2]．最後に，容器に入っているデータを順番に出力することにより，ソートが完了する．

　このようなアルゴリズムを**バケットソート法**（bucket sort）とよび，まとめると以下のようになる．

[*1]　容器としてバケツ（bucket）を利用するのでバケットソート法とよばれる．この容器は，ビン（bin；ゴミ入れ）とよばれることもあり，その場合，ビンソート法となる．
[*2]　第5章で後述する，キューで管理する．

※ 0 〜 $n-1$ までの各整数値を対象

1 n 個の容器（バケツ）を用意（a[0]〜a[n-1]）

2 各数値を対応する容器に順番に格納（a[x]=x, 同一の場合, 元の順番を維持する）

3 容器に入っている数値を順番に出力

● 処理の流れ

具体的には，次のようにソートを行う．はじめに与えられたデータが，以下の場合を考える．

$$3, 1, 4, 0$$

各数値は整数であり，最大値は 4 である．n 未満の数値，すなわち，5 未満の数値を格納するので，ここでは，5 個の容器 a[0]〜a[4] を用意する．各数値を対応する容器に順番に格納するので，まず，最初の数値 3 について，a[3]=3 により，a[3] に格納される．ここで，とくに数値の比較などの処理は行っていないことに注意する．次に，a[1]=1 により，数値 1 が a[1] に格納され，同様に格納していくと結果は次のようになる．

a[0]	a[1]	a[2]	a[3]	a[4]
0	1		3	4

ここで，a[2] にはデータが格納されていない，すなわち，記憶（空間）領域が無駄に消費されていることに注意する．

最後に，容器に入っている数値を順番に出力することにより，以下のようになり，ソートが完了する．

$$0, 1, 3, 4$$

バケットソート法の実装例は，次のようになる．

```
/* bucket.c: バケットソート法 (bucket sort) */
#include <stdio.h>

#define N 4    /* 配列の要素数 */
#define M 5    /* 容器の個数 */

int main()
```

```
{
    int a[N] = {3, 1, 4, 0};
    int b[M];
    int i;

    /* 容器の初期化 */
    for (i = 0; i < M; i++)
        b[i] = -1;

    /* ソート前の配列を表示 */
    for (i = 0; i < N; i++)
        printf("%3d", a[i]);
    printf("\n");

    /* 各数値を対応する容器に格納 */
    for (i = 0; i < N; i++) {
        b[a[i]] = a[i];
    }

    /* ソート後の配列を表示 */
    for (i = 0; i < M; i++) {
        if (b[i] > -1) {
            printf("%3d", b[i]);   /* データが格納されている容器の値のみを出力 */
        }
    }
    printf("\n");

    return 0;
}
```

さて，この手法の計算量はどのようになるだろうか．データを n 個の容器に格納する，あるいは n 個の容器から取り出すことを考えると，いずれにしても必要な時間計算量は $O(n)$ となり，一般的なソート手法と比べて圧倒的に高速であることがわかる．これに対して，n 個のデータを格納する必要があるので，その空間計算量は $O(n)$ となる．

第 2 章で述べたとおり，内部ソートにおいては，その空間計算量は最大でも $O(n)$ 未満であることが求められる．よって，この手法は，厳密には内部ソート手法としては不適合であることになる．しかしながら，n の値が小さいなど，特別な場合を想定すれば，現実的な記憶容量で，高速な内部ソートを実現することが可能となる．

問 3.1

(1) 以下の配列をバケットソート法によりソートした結果を答えよ．

$$1, 9, 3$$

(2) 以下の配列をバケットソート法によりソートした結果を答えよ．

$$99, 1, 3$$

(3) (1) と (2) それぞれのソート処理に必要な記憶領域を確認し，考察せよ．

解答例

(1) 1, 3, 9

(2) 1, 3, 99

(3) (1) では（0〜9 の）10 個の容器が必要であり，(2) では 100 個の容器が必要である．
   しかしながら，どちらもソート対象となるデータ数は 3 であり，とくに (2) において
   は大部分の記憶領域が無駄になっているのがわかる．

3.2 基数ソート法

● **アルゴリズム**

　バケットソート法においては，n 未満の整数を対象とし，これを格納するために n
個の容器を使用していた．しかしながら，とくにデータが "疎" である場合，すなわ
ち，n の値に対して実際のデータ数が極端に少ない場合，多くの容器が無駄になって
しまう．

　たとえば，以下のデータをバケットソート法によりソートすることを考える．

$$502, 0, 999, 135, 86, 794$$

このデータの最大値は 999 であり，これを格納するために 1000 個の容器が必要とな
る．しかしながら，データ数は 6 である．そのため，大半の容器は使用されることが
なく，大部分の領域が無駄になってしまう．よって，バケットソート法を少し改良し，
データが k 桁の整数であることに注目して，効率のよいソートを実現することを考え
る．

　これを実現する一つの方法が，**基数ソート法**（radix sort）である．そのアルゴリズ
ムを以下に記す．

※ k 桁の数値を対象（k 個の数値の組とみなしてソート）

1 10 個の容器（バケツ）を用意する（a[0]〜a[9]）．

2 1 番目から k 番目まで（最下位桁である 1 の位から最上位桁まで）**3** を繰り
返す．

3 当該要素をキーとして，用意した容器でバケットソート法を行う．

● 処理の流れ

例として，以下の3桁からなる9個のデータをソートする．

$$374, 889, 309, 397, 987, 473, 346, 607, 881$$

配列 a[0]〜a[9] を用意し，1番目，すなわち最下位桁（1の位）の要素をキーとしてバケットソート法を適用する．374 の最下位桁は 4 なので，これを a[4] に格納する．889 の最下位桁は 9 なので，これを a[9] に格納する．309 の最下位桁は 9 なので，これも a[9] に格納する．同じ容器に格納するときは，順番を維持する（キューで管理する）．すなわち，a[9] には，889，309 がこの順番で格納されることになる．このような処理を繰り返していくと，最下位桁（1の位）の数値について，結果は次のようになる．

a[0]	a[1]	a[2]	a[3]	a[4]	a[5]	a[6]	a[7]	a[8]	a[9]
	881		473	374		346	397 987 607		889 309

これを順番に取り出すと，以下のようになる．

$$881, 473, 374, 346, 397, 987, 607, 889, 309$$

これについて，同様に2番目，すなわち 10 の位の要素をキーとしてバケットソート法を適用すると，結果は次のようになる．

a[0]	a[1]	a[2]	a[3]	a[4]	a[5]	a[6]	a[7]	a[8]	a[9]
607 309				346			473 374	881 987 889	397

これを順番に取り出すと，次のようになる．

$$607, 309, 346, 473, 374, 881, 987, 889, 397$$

これについて，同様に3番目，すなわち最上位桁である 100 の位の要素をキーとしてバケットソート法を適用すると，結果は次のようになる．

a[0]	a[1]	a[2]	a[3]	a[4]	a[5]	a[6]	a[7]	a[8]	a[9]
			309 346 374 397	473		607		881 889	987

これを順番に取り出すと，以下のようになり，ソートが完了する．

$$309, 346, 374, 397, 473, 607, 881, 889, 987$$

このように，基数ソート法においては，バケットソート法を数値データの桁数分だけ繰り返すことによりソートを行っている．そのため，これに要する時間計算量は $O(n)$[*3] となる．なお，バケットソート法においては，データの個数分だけこれらを格納する容器を用意する必要があったのに対して，基数ソート法においては，基本的には 10 個の容器を用意するだけでよいことから，領域の無駄も削減されている[*4]．

3.3　ソートの安定性

バケットソートや基数ソート法は，ほかの一般的なソート手法とは異なり，数値どうしの比較を行わない特殊なソート手法である．これを実現するために，大事な性質がある．それは，**安定性**（stable）である．

同じキーをもつレコードの順番がソート後も保持される性質を，安定性とよぶ．これは，とくに大規模なデータをソートする際には大事な性質の一つである．バケットソート法やバブルソート法などは安定なソートだが[*5]，第 4 章で述べるクイックソート法などは安定なソートではない．

このように各種アルゴリズムには，ふつう，よい点と悪い点の両方があるので，その性質を見極めたうえで，適切なアルゴリズムを選択することが肝要となる．

問 3.2　以下のテーブルをソートする．

キー部	データ部
120	みかん
110	りんご
90	キウイ
120	桃
50	いちご

(1) 単純選択法によりソートした結果を答えよ．また，安定性の有無を確認せよ．

(2) バブルソート法によりソートした結果を答えよ．また，安定性の有無を確認せよ．

---

*3　$O(n)$ を桁数分（k 回）繰り返すことになるが，k は定数なので，結果として $O(n)$ となる．

*4　よって空間計算量は $O(1)$ といいたいところだが，同じ容器に入るデータをキューで管理する都合上，最悪の場合，データの個数分を用意する必要があることから，結局，空間計算量としては $O(n)$ となる．しかしながら，ふつうのデータにおいては，バケットソート法よりは領域の無駄が少ないことが知られている．

*5　バケットソート法は，安定を前提としたソート手法である．重複したデータの順番を維持して管理することにより安定性を確保している．よって，当然ながら，ここでの順番が狂うとバケットソート法ではソートが実現できない．

解答例

(1) 以下の (a) のように同じキーをもつみかんと桃の順番が変わってしまい，安定性がないことがわかる．

(2) 以下の (b) のようになり，安定性があることがわかる．

50	いちご
90	キウイ
110	りんご
120	桃
120	みかん

（a）

50	いちご
90	キウイ
110	りんご
120	みかん
120	桃

（b）

まとめ

　本章では，比較によらないソート手法として，バケットソート法と，これを応用した基数ソート法を取り上げた．単純選択法などの一般的なソート手法に比べて，データの比較を行わないことで，少ない時間計算量でのソートを可能としている．しかしながら，空間計算量は $O(n)$ となっており，使用されるデータの範囲があらかじめ限定されているような特殊な場合を除いては，適用が不可能な手法である．なお，ソートの大事な性質の一つに安定性があり，とくにバケットソート法では実現のためには不可欠であることに注意が必要である．

章末問題

9 個のデータからなる以下の配列が与えられたものとする．

$$523, 39, 785, 257, 351, 616, 292, 788, 802$$

この配列を，基数ソート法を用いてソートすることを考える．次の表はソートの途中経過を表しており，(i) 行 $(1 \leq i \leq 3)$ は配列を下位から第 i 桁目に関してソートした結果を表している．空欄をすべて埋めよ．

(0)	523	39	785	257	351	616	292	788	802
(1)									
(2)									
(3)	39	257	292	351	523	616	785	788	802

第 **4** 章

クイックソート法

　これまでに紹介した単純選択法などの汎用的なソート手法における時間計算量は，いずれも $O(n^2)$ であった．これは，n 個のデータに対して，総当たりで比較を行うことを意味している．総当たりで比較を行えば，直感的にも，確かにソートを行うことが可能であると考えられる．しかしながら，より効率よく，少ない時間計算量でソートを実現する方法はないものだろうか．これを実現する手法の一つが，本章で紹介するクイックソート法（quick sort）である．

　適当な配列において，その要素を並べ替えて大小二つの部分に分割する．分割した各部分において，同様に，その要素を大小二つの部分に分割する．この作業を分割ができなくなるまで，すなわち，各要素が一つになるまで繰り返す．そして，最終的にバラバラとなった各要素を一つに統合すると，結果としてソートが完了する（図 4.1）．これがクイックソート法である．

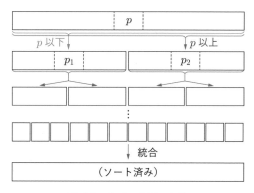

図 4.1　クイックソート法

　ある問題を小さな問題に分割し，それぞれを解決したうえで，一つに統合することにより，全体の問題を解決する手法を一般に分割統治法（divide and conquer algorithm）とよぶ．クイックソート法は，この分割統治法の一種である．

　クイックソート法においては，ある位置を境目として，これより小さい値の要素の部分と，大きい値の要素の部分に分割するという処理を，それぞれの部分において要素数が 1 となるまで繰り返す．

基本的な考え方

クイックソート法のもとになる考え方について，簡単なケースで説明しよう．いま，降順に並んでいる n 個の要素をもつ配列 a があり，この配列を基準となる値より小さい部分と大きい部分に分けることを考える．まず配列の最初と最後の要素を交換し，徐々に内側に進むことにより n / 2 回の操作で昇順に並べ替えて，中央の値に対し大小二つの部分に分けることが可能である．

例として，以下のように降順に並んだデータを考える．

a[0]	a[1]	a[2]	a[3]	a[4]	a[5]	a[6]	a[7]	a[8]	a[9]
37	33	29	25	22	20	19	14	10	8

この 10 個の要素をもつ配列において，最初と最後の要素，すなわち，a[0]=37 と a[9]=8 を交換する．この結果は，以下のようになる．

$$8, 33, 29, 25, 22, 20, 19, 14, 10, 37$$

次にその内側，すなわち，a[1]=33 と a[8]=10 を交換する．この結果は，以下のようになる．

$$8, 10, 29, 25, 22, 20, 19, 14, 33, 37$$

同様にして処理を継続していき，a[4]=22 と a[5]=20 を交換すると，結果は，以下のようになる．

$$8, 10, 14, 19, 20, 22, 25, 29, 33, 37$$

このように，10 個のデータに対して，5 回の操作で，昇順に並べ替えて，a[4]=22 と a[5]=20 の間を境目として，これより小さい部分と大きい部分とに分けることができている．クイックソート法はこのような考え方を応用したものである．

クイックソート法

● アルゴリズム

n 個のデータが配列 a[0]〜a[n − 1] に格納されているとき，まず，次のようなアルゴリズムにより分割操作を行う．

> **1** i を先頭要素の番号 0, j を末尾要素の番号 n − 1 とする.
> **2** 配列から任意の要素を取り出し, これを基準値 pivot とする.
> **3** i > j となるまで**4**〜**6**を繰り返す.
> **4** i を増加させていき, 要素 a[i] >= pivot が見つかるまで配列を走査する.
> **5** j を減少させていき, 要素 a[j] <= pivot が見つかるまで配列を走査する.
> **6** i <= j ならば a[i] と a[j] を交換し, i を 1 増加, j を 1 減少させて**3**に
> 戻る.

　この結果, pivot 以下の値をもつ要素 (要素番号 j より前の部分) と, pivot 以上の値をもつ要素 (要素番号 i より後ろの部分) に分割される. このとき, pivot と同じ値をもつ要素はそのどちらにあってもかまわない. 分割されてできた二つの部分に対して同様の操作をそれぞれ再帰的に行うことにより, ソートが行われる.

● 処理の流れ

　具体的には, 次のようにソートを行う. はじめに与えられたデータが, 以下の場合を考える.

a[0]	a[1]	a[2]	a[3]	a[4]	a[5]	a[6]	a[7]	a[8]	a[9]
6	9	12	7	15	23	2	10	4	20

　アルゴリズムの手順**2**により, pivot を選択する. pivot の位置は任意だが, 中央の要素を使用するのがふつうであり, ここでも対象とする要素列の中央となるように設定することにする. すなわち, a[0]〜a[9] をもつ配列に対して, 求める要素番号 p は以下のように計算される[*1].

$$p = \left\lfloor \frac{0 + 9}{2} \right\rfloor = \lfloor 4.5 \rfloor = 4$$

よって, この配列の場合, 中央の要素は a[4] = 15 となり, これを pivot として設定する.

　その後の分割操作を図 4.2 に示す. 手順**3**に従い, i = 0, j = 9 であり i > j ではないので, 手順**4**以降を実行する. 手順**4**において, a[i] = a[0] = 6 なので, a[i] >= pivot を満たさない. よって, a[i] >= pivot が見つかるまで i を増加させていく. すると, a[i] = a[4] = 15 が見つかり, 手順**4**が終了する. 次に, 手順**5**において, a[j] = a[9] = 20 から, a[j] <= pivot が見つかるまで j を減少させていく. すると, a[j] = a[8] = 4 が見つかり, 手順**5**が終了する. 次に, 手順**6**により, i

---

[*1] 床関数 (切り捨て) を利用している. C 言語の配列においては, 要素番号は自動的に切り捨てられる.

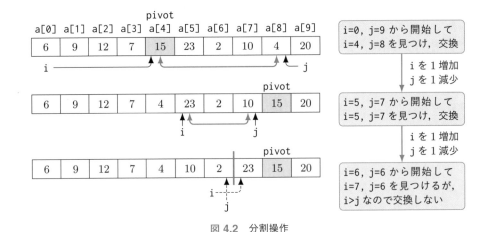

図 4.2　分割操作

<= j なので a[i] と a[j] を交換し，i を 1 増加，j を 1 減少させる．すなわち，a[4] = 15 と a[8] = 4 を交換し，i = 5，j = 7 として手順 **3** に戻る．ここで，pivot として設定した要素自体が移動しているが，処理には影響がなく，また，pivot の値にも変化がないことに注意する．この時点での配列は，以下のようになる．

$$6, 9, 12, 7, 4, 23, 2, 10, 15, 20$$

以下同様に，手順 **3** において，i > j となるまで手順 **4** 以降を実行する．これにより a[5] = 23 と a[7] = 10 を交換し，i = 6，j = 6 として手順 **3** に戻る．この時点での配列は以下のようになる．

$$6, 9, 12, 7, 4, 10, 2, 23, 15, 20$$

手順 **3** において，i > j ではないので[*2]，同様に手順 **4** 以降を実行する．これにより a[7] = 23，a[6] = 2 が見つかるが，手順 **6** により，i <= j を満たさないので，そのまま処理が終了する．

図 4.2 を見ればわかるように，ここまでの操作によって，要素番号 j = 6 と要素番号 i = 7 の間を分割位置とし，pivot より小さい値の要素の部分と，pivot より大きい値[*3] の要素の部分に分割できた．

次に，pivot よりも小さい要素の部分（分割後の前の部分）に着目する．

a[0]	a[1]	a[2]	a[3]	a[4]	a[5]	a[6]	a[7]	a[8]	a[9]
6	9	12	7	4	10	2	*	*	*

[*2]　i = 6，j = 6 で，i > j ではないので処理は継続する．

[*3]　正確には，15 が含まれるので pivot 以上の値になる．

前述と同様の手順を用いて，a[0] から a[6] までの要素について分割を行う．ここで，pivot より大きい要素の部分はこの分割においては対象としないので，*として表している．この場合，pivot を 7 とし，結果は以下のようになる．

6, 2, 4, 7, 12, 10, 9, *, *, *

この処理の終了時，i = 4，j = 2 であることから，ここが分割位置となる．このとき，pivot である 7 は移動せず，その前後が分割位置となっていることに注意する．分割された部分は以下のようになり，それぞれの部分に対してさらに分割操作を行う．

6, 2, 4, *, *, *, *, *, *, *
*, *, *, *, 12, 10, 9, *, *, *

このような処理を再帰的に繰り返し，分割後の要素数が 1 となった場合，分割を終了する．

次に，最初の分割に戻り，分割後の後ろの部分についても同様に分割を行う．

a[0]	a[1]	a[2]	a[3]	a[4]	a[5]	a[6]	a[7]	a[8]	a[9]
*	*	*	*	*	*	*	23	15	20

その結果，以下のようになる．

*, *, *, *, *, *, *, 15, 20, 23

以上のような処理を繰り返していくと，最終的には以下のようになり，ソートが完了する．

2, 4, 6, 7, 9, 10, 12, 15, 20, 23

このようにある条件を満たすまで同じアルゴリズムを繰り返す場合には，ふつう，再帰（recursive）を利用する．たとえば，クイックソート法を行う関数を quick (int start, int end) とし，これを利用したプログラム（例）を以下に示す．

```c
#include <stdio.h>

#define n 50000  /* データ数 */

/* クイックソート法 */
void quick (int seq[], int start, int end)
{
  int i, j;   /* 走査位置 */
  int temp;   /* 交換用 */
```

```
  int pivot;   /* 基準値 */

  i = start;                 /* 初期走査位置の設定 */
  j = end;
  pivot = seq[(i+j)/2];      /* pivot の設定 */
  while (i <= j) {
    while (seq[i] < pivot)   /* pivot より大きい値を走査 */
      i++;
    while (seq[j] > pivot)   /* pivot より小さい値を走査 */
      j--;
    if (i <= j) {
      temp = seq[i];         /* 値の交換 */
      seq[i++] = seq[j];
      seq[j--] = temp;
    }
  }
  if (start < j)             /* pivot より前をクイックソート */
    quick (seq, start, j);
  if (end > i)               /* pivot より後をクイックソート */
    quick (seq, i, end);
}
int main (int argc, char *argv[])
{
  int seq[n];  /* データ格納用配列 */
  FILE *fp;    /* 読み込み用のファイルポインタ */
  int k;

  /* ファイルからのデータ読み込み */
  if (argc != 2) {
    fprintf (stderr, "Usage: %s <data-file>\n", argv[0]);
    return 1;
  }

  if ((fp = fopen (argv[1], "r")) == NULL) {
    fprintf (stderr, "File not found: %s\n", argv[1]);
    return 1;
  }
  k=0;
  while (fscanf (fp, "%d", &seq[k]) != EOF)
    k++;

  quick (seq, 0, k-1); /* クイックソート */

  return 0;
}
```

　クイックソート法の時間計算量は $O(n \log n)$ になることが知られていて，単純選択法などでの $O(n^2)$ に比べて圧倒的に高速であることがわかる．一方で，処理過程において再帰的に関数を呼び出していることが原因で，その空間計算量は $O(\log n)$ になることが知られている．これは，内部ソート手法の要件である $O(n)$ 未満を満たしては

いるものの，単純選択法などでの $O(1)$ よりは大きい値となっている．

> **まとめ**
>
> 　本章では，クイックソート法について述べた．単純選択法などの汎用的なソート手法での時間計算量 $O(n^2)$ であった．これに対して，クイックソート法の時間計算量は $O(n \log n)$ となっており，圧倒的に高速であることがわかる．なお，これは n 個のデータに対して，総当たりでは比較を行って**いない**ことを意味している[*4]．具体的には，要素を大小二つの部分に分割する処理を再帰的に行い，最終的にバラバラとなった各要素を一つに統合するという分割統治法に基づく処理を行っている．このような巧妙なアルゴリズムにより，クイックソート法においては，高速なソートを実現している．

章末問題

次の配列をクイックソート法によりソートする．

$$6, 9, 3, 8, 7, 5, 4, 2, 1$$

(1) 次の表は，pivot を 5 としてクイックソート法を用いてソートするときの置換結果（配列の状態）を表している．空欄をすべて埋めよ．

(0)	6	9	3	8	7	5	4	2	1
(1)									
(2)									
(3)									
(4)									

(2) (1) で分割が終了したあとにソートを行うべき左部分配列（分割後の前の部分）と右部分配列（分割後の後ろの部分）をそれぞれ答えよ．

(3) 処理を継続し，ソートを完了させよ．

[*4]　すべての比較を行わないにもかかわらず，全体としてソートが完了しているということである．

第 5 章

スタックとキュー

　大量のデータを扱う場合，その利用目的に応じてデータ構造やデータの操作方法を工夫することが必要となる．本章では，データを到着順に関して順序付けすることで効率的に取り扱うための代表的な手法について解説する．

　一次元配列のように，順序付けされたデータの並びを一般にリスト（list）とよぶ．リストに対する操作としては，データの追加，削除，参照，置き換えなどがある．これらの操作を実現する手続きを，あらかじめ目的に応じて関数として定義しておくと便利である．このとき，場合によっては，操作方法に応じたデータ構造が必要となる．ここでは，代表的なリストとして，スタックとキューを取り上げる．

　データを一時的にリストに蓄え，あとから順番に取り出して処理する場合，リストに対するデータの追加，および取り出しのための手続きが必要となる．その方法の一つとして，用意されたリストに対して順番にデータを追加し，また，必要に応じて，最後に追加されたデータから順番に取り出す方法である LIFO（Last In First Out）がある．このような操作を実現するリストを，スタック（stack）とよぶ（図 5.1(a)）．一方，最初に追加したデータを最初に取り出す方法として FIFO（First In First Out）があり，そのリストをキュー（queue）とよぶ（図 (b)）．

　スタックは，その名前から連想できるように，データを積み上げていき，積み上げた山の上から順に取り出すデータ構造である．キューは待ち行列ともよばれ，その名前から連想できるように，処理を順番に待つデータを表すデータ構造である．

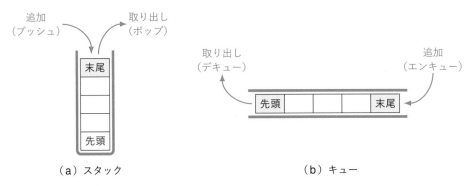

（a）スタック　　　　　　　　　　　　（b）キュー

図 5.1　スタックとキュー

スタック

　スタックは，データを蓄えておくためのリストと，データの追加や取り出す場所を示す**スタックポインタ**（stack pointer）を用意し，リストへの操作のための手続きを定義することで実現できる．たとえば，実数型の数値データを蓄えるためのスタックを実現する場合，まず，データを蓄えるためのリストとしての配列，およびスタックポインタを宣言する．このとき，スタックポインタは，配列のどの要素にデータを格納するかを管理するので，配列の添字を格納することになり，つねに「次にデータを格納すべき場所」を指すようにする（図 5.2）．

```
float stack[STACKSIZE];  /* スタック用配列 */
int sp = 0;              /* スタックポインタの初期化 */
```

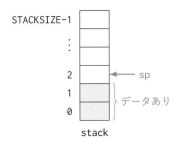

図 5.2　スタックの実装

　次に，スタックへの操作を考える．スタックにデータを追加する操作を**プッシュ**（push），スタックからデータを取り出す操作を**ポップ**（pop）という．プッシュは，スタックポインタの位置に与えられたデータを格納し，スタックポインタを 1 増やすことで実現でき，ポップは，スタックポインタを 1 減じてから，その場所のデータを返すことで実現できる．プッシュを実現する関数を push()，ポップを実現する関数を pop() とすると，これらは，それぞれ次のように実装することができる．プッシュとポップ，いずれの操作も，終了時にスタックポインタは「次にデータを格納すべき場所」を指すことに注意する．

```
int push(float data)
{
  if (sp >= STACKSIZE)    /* スタックポインタの示す位置が範囲内かどうか */
    return 0;
  else {
    stack[sp] = data;    /* スタックポインタの示す位置にデータを格納し， */
    sp++;                /* スタックポインタを 1 個分進める */
    return 1;
```

```
  }
}
```

```
int pop(float *data)
{
  if (sp <= 0)              /* スタックが空かどうか */
    return 0;
  else {
    sp--;                   /* スタックポインタを 1 個分戻し, */
    *data = stack[sp];      /* スタックポインタの示す位置からデータを取得する */
    return 1;
  }
}
```

　スタックの応用例として, **逆ポーランド記法** (reverse polish notation) で記述され
た数式の演算が知られている. 逆ポーランド記法とは, 四則演算 ("+", "−", "×",
"÷") などの二項演算子を, その対象項 (オペランド) の後ろに記述する記法である.
たとえば, 3.4 + 1.6 は, 逆ポーランド記法では次のように記述される.

```
3.4  1.6  +
```

　また, 1.2 × (3.4 + 1.6) は, 次のように記述される.

```
1.2  3.4  1.6  +  ×
```

　この逆ポーランド記法で表現された式の演算は, スタックを利用し, 次の手続きを
繰り返すことにより実現される.

> **1** 数値が入力された場合, その値をスタックに積む (プッシュする).
> **2** 演算子が入力された場合, スタックから二つの数値を取り出したあとに, そ
> れらに対して演算を行い, 結果をスタックに積む.

　その結果, 最終的にスタックに残った値が演算結果となる.

問 5.1　(1.7 + 2.8) × (2.5 − 4.7) + −0.1 を逆ポーランド記法で記せ. 次に, 標準
入力より入力された逆ポーランド記法の式を, スタックを用いて演算するプログラムを作成
し, この式の演算結果を求めよ.

解答例　逆ポーランド記法の式 : 1.7 2.8 + 2.5 4.7 − × −0.1 +

```
/* rpn.c: 配列による逆ポーランド表記の演算 */
#include <stdio.h>
#include <stdlib.h>
```

```c
#include <strings.h>

#define STACKSIZE 10    /* スタックサイズ */
#define STRLEN 255      /* 読み込む文字列の最大長 */

float stack[STACKSIZE];
int sp = 0;

/* データをスタックにpush する関数 */
int push(float data)
{
  if (sp >= STACKSIZE)
    return 0;
  else {
    stack[sp++] = data;
    return 1;
  }
}

/* スタックからデータをpop する関数 */
int pop(float *data)
{
  if (sp <= 0)
    return 0;
  else {
    *data = stack[--sp];
    return 1;
  }
}

int main()
{
  char string[STRLEN];    /* 入力データ用 */
  float data;             /* 入力データ */
  float data_1, data_2;   /* 計算用 */

  /* EOF まで入力を繰り返し */
  while (scanf("%s", string) != EOF) {
    /* 読み込んだ文字列が、演算子を示す文字列か? */
    if ((data = atof(string)) == 0
      && strlen(string) == 1
      && *string != '0')
      /* 演算子の場合 */
      /* スタックのデータ二つを取り出す */
      if( pop(&data_2) == 1 && pop(&data_1) == 1 )
        switch(*string) {
        case '+':  /* 加算 */
          push(data_1 + data_2);
          break;
        case '-':  /* 減算 */
          push(data_1 - data_2);
```

```
              break;
          case '*':  /* 乗算 */
              push(data_1 * data_2);
              break;
          case '/':  /* 除算 */
              push(data_1 / data_2);
              break;
          default:
              fprintf(stderr, "Unknown operator\n");
              return -1;
          }
      else {
          fprintf(stderr, "Stack underflow\n");
          return -1;
      }
    else
      /* 数字の場合 */
      /* データをスタックに入れる */
      if (push(data) == 0) {
          fprintf(stderr, "Stack overflow\n");
          return -1;
      }
  }

  /* スタックに残った最後の数字が演算結果 */
  if (pop(&data) == 1)
    printf("%.2f\n", data);
  else
    fprintf(stderr, "Stack underflow\n");

  return 0;
}
```

5.2 キュー

　キューも，スタックと同様に，データを蓄えておくためのリストと，データの追加や取り出す場所を示すポインタを用意し，その操作のための手続きを定義することで実現できる．たとえば，実数型の数値データを蓄えるためのキューを実現する場合，まず，キューとしてのリストを表す配列，およびリストの先頭と末尾を管理するためのポインタである**ヘッド**（head）と**テール**（tail）を宣言する．これらには配列の添字を格納する（図 5.3）.

```
float queue[QUEUESIZE];     /* キュー用配列 */
int head = 0;               /* ヘッドの初期化 */
int tail = 0;               /* テールの初期化 */
```

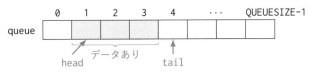

図 5.3　キューの実装

　キューの末尾にデータを追加する操作を**エンキュー**（enqueue），キューの先頭から
データを取り出す操作を**デキュー**（dequeue）といい，それらを実現する関数 enqueue()，
dequeue() は，それぞれ次のように定義することができる．

```
int enqueue(float data)
{
  if(tail >= QUEUESIZE)     /* データの末尾が，キューの最後に達しているかどうか */
    return 0;
  else {
    queue[tail] = data;     /* テールの示す位置にデータを格納し */
    tail++;                 /* テールを 1 個分進める */
    return 1;
  }
}
```

```
int dequeue(float *data)
{
  if(head >= tail)          /* キューにデータが残っているかどうか */
    return 0;
  else {
    *data = queue[head];    /* ヘッドの示す位置からデータを取得し，*/
    head++;                 /* ヘッドを 1 個分進める */
    return 1;
  }
}
```

　この実装例では，一度デキューされたあとのリストの要素は，二度と利用されない
ようになっており，リストを効率的に利用しているとはいえない．改善案としては，
リストの先頭と末尾を論理的に環状につなぐことが考えられる．具体的には，tail と
head への加算を剰余演算として計算する（つまり，リストの末尾に達したら先頭へ戻
す）．このようなキューのことを**環状バッファ**（circular buffer）という．

問 5.2　　環状バッファの実装例を示せ．

解答例

```
float queue[QUEUESIZE];    /* キュー用配列 */
int head = 0;              /* ヘッドの初期化 */
int tail = 0;              /* テールの初期化 */
int length = 0;            /* 行列の長さの初期化 */
```

```
int enqueue(float data)
{
  if(length >= QUEUESIZE)
    return 0;
  else {
    queue[tail] = data;
    length++;                  /* 行列の長さを 1 増やし， */
    tail = (tail + 1) % QUEUESIZE; /* テールを 1 個分進める */
    return 1;
  }
}
int dequeue(float *data)
{
  if(length <= 0)
    return 0;
  else {
    *data = queue[head];
    head = (head + 1) % QUEUESIZE; /* ヘッドを 1 個分進め， */
    --length;                  /* 行列の長さを 1 減じる */
    return 1;
  }
}
```

まとめ

　本章では，データを到着順に関して順序付けて取り扱う代表的な方法として，スタックとキューを紹介した．これらはソートと並んで，計算機内部のさまざまな場面で活用されている．バケットソート法（第 3 章）やグラフ探索（第 6 章）など，自らコードを書くときも陰に陽にこの考え方を用いることがある．本書では，配列を用いてこれらを実装しているが，線形連結リスト（第 9 章）とも相性がよい．

章末問題

(1) スタックとキューの応用例をそれぞれ答えよ．

(2) 機械語のサブルーチンコールや，さまざまな高級言語の関数呼び出しの仕組みにはスタックが関わっている．つまり，関数を使ったプログラムは，それだけでスタックを使っていることになる．ところで，ポーランド記法という数式の表現が知られている．これは前置記法ともよばれ，四則演算などの二項演算子を，その対象項（オペランド）の前に記述する記法である．たとえば，$1.2 \times (3.4 + 1.6)$ は，前置記法で $\times$ 1.2 + 3.4 1.6 と表す．また，$f(x, y)$ のような関数の表現も前置記法の一種である．前置記法は，式の値を計算するプログラムを実装する際，関数の再帰呼び出しと相性がよい．前置記法で書かれた式を読み込んで，その値を求めるプログラムを作成せよ．

第 **6** 章

グラフ探索

　カーナビをはじめとするナビゲーションサービスなど，ある施設からある施設への経路の調査に代表されるように，道路網の解析が求められることがある．同様に，鉄道網に対しても，ある駅からある駅への線路の有無や，それらの間を移動するための経路を調査することが考えられる．このとき，施設や駅などの要素間の関係をモデル化する必要があり，その一手法として，グラフが提案されている．本章では，グラフの概念とそれらを実現するためのデータ構造について解説する．

6.1　グラフ

　たとえば，鉄道網は，複数の駅を基点として，駅と駅の間を線路で結ぶことにより構成されている．このような関係を単純な点と線の組み合わせで表すモデルが**グラフ**（graph）である．ここでは，グラフの概念を示す．

　図 6.1 にグラフの例を示す．グラフでは，鉄道網における駅のように基点となる要素を**ノード**（node）または**節点**，線路のようにノード間を結ぶ要素を**辺**（edge）とよぶ．二つのノード間に複数の辺（**多重辺**（multiedge））や，辺の両端が同一点に接続している**自己ループ**（selfloop）をもつグラフを**多重グラフ**（multigraph）（図 (a)），もたないグラフを**単純グラフ**（simple graph）とよぶ（図 (b)）．

　辺の中で，一方通行のように方向性をもつ辺が存在するグラフを**有向グラフ**（directed

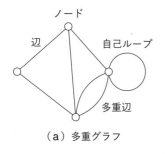

（a）多重グラフ

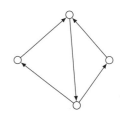

（b）単純グラフ　　　　（c）有向グラフ

図 6.1　グラフの概念

graph)（図(c)），すべての辺が方向性をもたないグラフを**無向グラフ**（undirected graph）とよぶ（図(a)，(b)）．方向性をもつ辺は，その方向を矢印で表す．任意の二つのノードを結ぶ辺の集合を**経路**（path）とよび，二つのノードのすべての組み合わせに対して経路が存在するグラフを**連結**（connected）であるという．

　グラフは，各ノードについて，辺によって結ばれた隣接するノードに関する情報を列挙することで表現できる．そのデータ構造としては，**辺行列**（edge matrix），**隣接行列**（adjacency matrix），**隣接リスト**（adjacency list）などが提案されているが，ここでは，辺の追加および削除が容易に実現でき，かつ理解しやすい隣接行列を用いる[*1]．

　隣接行列は，グラフ中のノード u からノード v に至る辺が存在するとき (u, v) 成分を 1，存在しないとき 0 とした行列である．たとえば，図 6.2(a) に示す 0〜3 までの四つのノードをもつグラフに対する隣接行列は，図 (b) のように表すことができる．この図では，隣接行列の特徴をわかりやすく表すために有向グラフの例を示している．無向グラフでは，すべての辺について双方向に行き来できることから，隣接行列は対称行列になるという特徴がある．

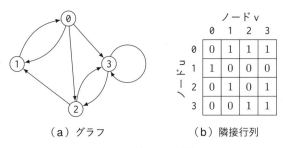

（a）グラフ　　　　　（b）隣接行列

図 6.2　グラフの表現

6.2　重み付きグラフ

　グラフを用いることによって，各ノード間のつながりに関するモデルを記述できた．しかし，鉄道網のような実際の問題においては，単に駅間のつながりだけではなく，経路の距離，所要時間，運賃などの情報が不可欠となる．これらの情報を各辺の重みとして付加したモデルを，**重み付きグラフ**（weighted graph）とよぶ．

　図 6.3(a) に重み付きグラフの例を示す．図 (b) はこの重み付きグラフの隣接行列で

[*1]　隣接行列は，ノードの数に対して辺の数が少ないグラフに対しては，計算コストが大きく，メモリの利用効率も悪いため，とくにグラフの規模が大きくなった場合は実装が困難になる．そのような状況では，おもに隣接リストでグラフを表現する．

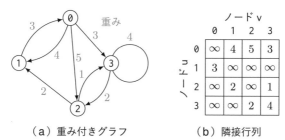

（a）重み付きグラフ　　　　　　（b）隣接行列

図 6.3　重み付きグラフの表現

ある．重み付きグラフでは，隣接行列の成分は辺の存在を表すのではなく，辺の重みを表す．辺が存在しないことは，重みを ∞ とすることで表現する．これは，辺が存在しないことを，現実的に移動できないほど大きな重みをもった辺が存在する，と解釈すると理解しやすい．実装時には，∞ を何らかの特別な値で表す．通常の重みの大きさよりも十分大きな値として表現すると，比較的扱いが楽になる．

6.3　グラフ探索

　鉄道網の例において，ある駅からある駅へ鉄道を利用して到達できるかどうかを知りたいことがある．このように，途中の経路は問わずに，あるノードとノードがつながっているかどうかを知るために，グラフの**探索アルゴリズム**（search algorithm）が提案されている．グラフの探索の目的は，ある始点のノードから到達できるすべてのノードを発見することである．始点から到達できるすべてのノードへの経路を抽出し，グラフで表したものを探索木という（木構造については第 8 章で解説する）．探索の際の経路の選び方は任意であり，この選び方によっていくつかのアルゴリズムが提案されている．ここでは，深さ優先探索法と幅優先探索法の 2 種類のアルゴリズムについて解説する．

● 深さ優先探索
　深さ優先探索（depth-first search）は，隣接しているノードの中で未探索なノードがある限り，とにかく進めるだけ深くノードを探索する．隣接したノードがすべて探索済みになったところでそれ以上深く探索できないと判断し，まだ探索していない隣接ノードが存在するノードまで戻ってから，その隣接ノードを探索する．すべてのノードを探索し，始点に戻ってきたところで探索を終了する．
　図 6.4 に深さ優先探索の例を示す．図 (a) に示すグラフに対してノード 0 を始点と

して探索を行う．図中では，現在探索しているノードを灰色の丸，探索済みのノードを青色の丸，そして探索の際に通過した辺を太線で表す．未探索の隣接ノードが複数あった場合，探索する順番は任意であるが，ここでは，ノード番号が小さいものを優先することとする．探索の結果，図 6.5 の木ができる．

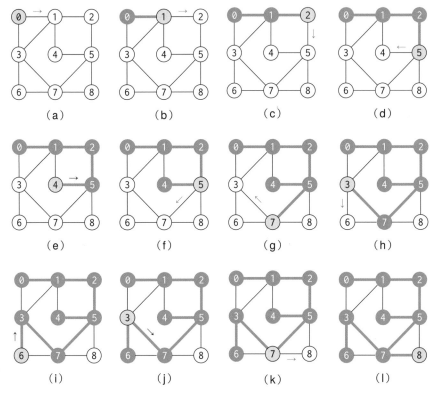

図 6.4 深さ優先探索の例

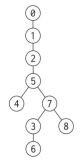

図 6.5 深さ優先探索木の例

次に，図 6.4 を例にして深さ優先探索アルゴリズムを示す．

ノード 0 を始点として（図 (a)），次の手順で探索を進める．

1　探索

　(i) 現在探索しているノードの隣接ノードの中から未探索ノードを探し，探
　　　索を進める（図 (b)〜(d)，(g)〜(h)，(l)）．

　(ii) 隣接ノードに未探索ノードが見つからなかったら（図 (e)，(i)），手順 **2**
　　　に進む．

2　経路の後退

　　未探索の隣接ノードが残っているノードを発見するまで，これまで通過して
　　きた経路を戻る（図 (f)，(j)，(k)）．

3　探索の繰り返しおよび終了条件

　　手順 **1**，**2** を繰り返す．このアルゴリズムは再帰を用いてプログラミングを
　　行うため，未探索のノードを求めて最終的には始点に戻ってくる[*2]．始点に
　　戻って，かつ探索すべき隣接ノードが存在しないときに，すべてのノードを
　　探索したとして，探索を終了する．

以上の一連の処理において，通過した辺で全ノードを結ぶと木が完成する．深さ優
先探索によって作成した木を，とくに深さ優先探索木とよぶ．

では，図 6.4 で示したグラフを例に，このアルゴリズムを実現するプログラムを記
述してみよう．

ノードの数をマクロで次のように定義する．

```
#define NODES 9  /* ノードの数 */
```

また，辺を扱うための構造体を次のように定義する．

```
struct edge {
  int start_node;  /* 辺の一端のノード番号 */
  int end_node;    /* 辺の一端のノード番号 */
};
```

隣接行列を表す配列 matrix，各ノードの探索状況（探索済みか未探索か）を示す配列
df_flag，そして探索によって構築された木を構成する辺の集合を表す配列 df_tree
は，次のように宣言できる．

[*2]　再帰構造をもたない言語処理系では，スタックを用いて同様のアルゴリズムを実現することができる．

```
int matrix[NODES][NODES];          /* 隣接行列 */
int df_flag[NODES];                /* 探索状況 (0: 未探索, 1: 探索済み) */
struct edge df_tree[NODES - 1];    /* 探索木 */
```

また，グラフの構造を表すデータを書き込んだ次のようなファイル graph1.dat を
用意する．ここで，ファイルの1行目の0 1はノード0とノード1の間に辺があるこ
とを表し，2行目の0 3はノード0とノード3の間に辺があることを表す．以降の行
も同様である．

```
0 1
0 3
1 2
1 3
1 4
2 5
3 6
3 7
4 5
5 7
5 8
6 7
7 8
```

次に，処理の手順を示す．

1 **隣接行列を作成**

データファイル graph1.dat を読み込み，図 6.2 を参考にして隣接行列を作
成する．ここで扱うグラフは無向グラフなので，隣接行列は対称行列になる
ことに注意する．

2 **初期設定**

木を構成する辺として登録された辺の数をカウントする変数 edge_cnt に 0
を代入する．また，各ノードの探索状況を示す配列 df_flag の各要素に，ま
だ探索されていないことを示す 0 を代入する．

3 **探索処理**

ノード 0 を始点とする探索を行う．詳しい手順は後述する．

4 **木を出力**

次のように，探索によって求められた木を構成する辺をすべて出力する．

```
(0, 1)(1, 2)(2, 5)(5, 4)(5, 7)(7, 3)(3, 6)(7, 8)
```

探索処理は，次のように定義した df_search() 関数によって実現する．なお，この

関数は再帰的関数である.

```
void df_search(int u) {
  int v;

  df_flag[u] = 1; /* ノードu を探索済みにする */

  for(v = 0; v < NODES; v++) { /* 探索されていないノードv を調査する */
    if(matrix[u][v] == 1 && df_flag[v] == 0) {
      df_tree[edge_cnt].start_node = u; /* 辺 (u, v)を探索木に登録する */
      df_tree[edge_cnt].end_node = v;
      edge_cnt++;
      df_search(v); /* ノードv を探索する */
    }
  }
}
```

引数の u は，現在探索を行っているノードのノード番号で，関数の中には，次に示すようなノード u を始点とする探索の手順を記述する.

---

1 **探索済みの登録**
   探索状況を示す配列 df_flag の u 番目の要素に，探索済みを表す 1 を代入する.

2 **次に探索するノード v の調査**
   すべてのノード（0〜NODES − 1）に対して，ノード u と隣接しているかどうかを隣接行列に基づいて調べる．隣接しているノードに対しては，df_flag に基づいてそのノードがすでに探索されたかどうか調べる．探索されていない場合は，そのノードを次に探索すべきノード v とする.

3 **ノード u, v 間の辺の登録**
   ノード v が次に探索すべきノードであるとき，ノード u, v 間の辺は，深さ優先探索木を構成する辺であるので，木を構成する辺の集合を表す配列 df_tree の edge_cnt 番目の要素のメンバにそれぞれのノード番号 u, v を代入する．また，次の登録に備えて，edge_cnt に 1 を加える.

4 **ノード v を始点とするグラフの探索**
   df_search(v) を実行することにより，ノード v を始点とするグラフの探索を再帰的に行う.

データファイル graph1.dat を読み込むことにより図 6.4 に示すグラフの隣接行列を構成し，これを用いて，ノード 0 を始点とする深さ優先探索を行うプログラムは次のようになる.

```c
/* df_search.c 深さ優先探索 */
#include <stdio.h>

#define NODES 9  /* ノード数 */
#define START 0  /* 探索開始ノード */

struct edge{
  int start_node; /* 辺の一端のノード番号 */
  int end_node;   /* 辺の一端のノード番号 */
};
int matrix[NODES][NODES];     /* 隣接行列 */
int df_flag[NODES];           /* 探索状況 (0:未探索, 1:探索済み) */
struct edge df_tree[NODES - 1]; /* 探索木 */
int edge_cnt;

void df_search(int);

int main() {
  int i, u, v; /* ループ制御用 */
  FILE *fp;    /* データ読み込み用 */

  for(u = 0; u < NODES; u++)
    for(v = 0; v < NODES; v++)
      matrix[u][v] = 0;

  if((fp = fopen("graph1.dat", "r")) == NULL) {
    fprintf(stderr, "File not found: graph1.dat\n");
    return 1;
  }

  while(fscanf(fp, "%d %d", &u, &v) != EOF) {
    matrix[u][v] = 1;
    matrix[v][u] = 1;
  }
  fclose(fp);

  for(u = 0; u < NODES; u++) {      /* 隣接行列を表示する */
    for(v = 0; v < NODES; v++) {
      printf(" %d", matrix[u][v]);
    }
    printf("\n");
  }

  for(u = 0; u < NODES; u++) {
    df_flag[u] = 0;   /* 探索状況を未探索に初期化 */
  }
  edge_cnt = 0;
  df_search(START);

  for(i = 0; i < NODES - 1; i++) { /* 探索木を表示する */
    printf("(%d, %d)", df_tree[i].start_node, df_tree[i].end_node);
```

```
  }
  printf("\n");

  return 0;
}
```

● 幅優先探索

　幅優先探索（breadth-first search）は，隣接しているすべてのノードに対して，並列的に探索を進める方法である．探索中のすべてのノードに対して，隣接する未探索のノードがなくなったら探索が終了となる．

　図 6.6 に幅優先探索の例を示す．図 (a) に示すグラフに対してノード 0 を始点として探索を行う．図中では，現在探索しているノードを灰色の丸，探索済みのノードを青色の丸，そして探索の際に通過した辺を太線で表す．隣接するノードが探索済みかそうでないかをチェックする順番は任意であるが，ここではノード番号の小さい順番にチェックを行う．探索の結果，図 6.7 の木ができる．

　次に，図 6.6 を例にして幅優先探索アルゴリズムを示す．

　ノード 0 を始点として（図 (a)），次の手順で探索を進める．

1　**ノード一つ分の探索**
　　現在探索しているノードの隣接ノードの内，未探索のノードすべてに対して，ノード一つ分の探索を行う（図 (b)〜(c)，(d)〜(g)，(h)〜(i)）．
2　**探索の繰り返しおよび終了条件**
　　手順**1**によって探索が進められたすべてのノードに対して，手順**1**を繰り返す．すべてのノードが探索されたとき，探索を終了する．

　以上の一連の処理において，通過した辺で全ノードを結ぶことによって構築される木を，とくに幅優先探索木とよぶ．

　では，図 6.6 で示したグラフを例に，このアルゴリズムを実現するプログラムを記述してみよう．

　ノードの数および辺の数のマクロ，辺を扱うための構造体は深さ優先探索で定義したものを利用する．変数に関しては，隣接行列を表す配列 matrix について，深さ優先探索で定義したものを利用するとともに，各ノードの探索状況を示す配列 bf_flag，探索木を構成する辺の集合を表す配列 bf_tree を次のように宣言する．

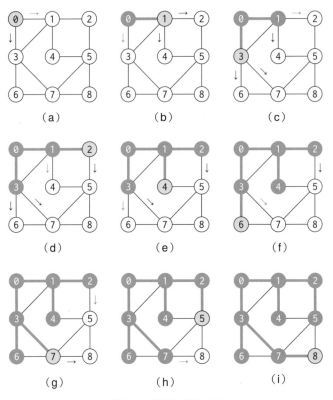

図 6.6　幅優先探索の例

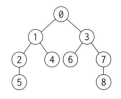

図 6.7　幅優先探索木の例

```
   int bf_flag[NODES];            /* 探索状況（0: 未探索，1: 探索済み） */
   struct edge bf_tree[NODES - 1]; /* 探索木 */
```

　処理の手順は，基本的に探索処理の手順を除いて深さ優先探索と同じである．ただ
し，探索の結果得られる木の出力は，次のようになる．

```
(0, 1)(0, 3)(1, 2)(1, 4)(3, 6)(3, 7)(2, 5)(7, 8)
```

　探索処理は，次のように定義した bf_search() 関数を呼び出すことにより実行さ

れる.

```
void bf_search(int start) {
  int queue[NODES];        /* キュー */
  int head = 0, tail = 0; /* キューの先頭および末尾 */
  int u, v;

  queue[tail++] = start;
  bf_flag[start] = 1;

  while(head < tail) {
    u = queue[head++];
    for(v = 0; v < NODES; v++) { /* 探索されていないノードv を調査する */
      if(matrix[u][v] == 1 && bf_flag[v] == 0) {
        bf_tree[edge_cnt].start_node = u; /* 辺 (u, v)を探索木に登録する */
        bf_tree[edge_cnt].end_node = v;
        edge_cnt++;
        queue[tail++] = v;
        bf_flag[v] = 1;
      }
    }
  }
}
```

　引数の start は，探索の始点となるノードのノード番号で，関数の中には，ノード start を始点とする探索の手順を記述する.

---

1 キューの初期化

　幅優先探索では，次に探索すべきノードのノード番号をキューで管理する.
次のようにキューを実現する配列 queue，キューの先頭を表す変数 head，そ
して末尾を表す変数 tail を宣言すると同時に初期化する.

```
int queue[NODES];        /* キュー */
int head = 0, tail = 0; /* キューの先頭および末尾 */
```

　このとき，head は次のデータを格納する位置，tail はデータを取り出す位
置を示しており，head と tail が等しいときはキューにデータが存在しない
ことに注意する.

2 始点のキューへの登録および探索済みの登録

　最初に探索すべきノードとして，始点であるノード start を queue[head]
へ代入し，次のキューへの登録に備えて head に 1 を加える. また，探索状
況を示す配列のノード start に相当する要素 bf_flag[start] に探索済み
を表す 1 を代入する.

- 3 **探索ノードの取り出し**

   キューから次に探索すべきノードのノード番号 queue[tail] を取り出し，変数 u に代入する．また，キューからの次の取り出しに備えて tail に 1 を加える．以下では，ノード u に関する探索を行う．

- 4 **次に探索するノード v の調査**

   すべてのノード（0〜NODES − 1）に対して，ノード u と隣接しているかを隣接行列に基づいて調べる．隣接しているノードに対しては，bf_flag に基づいてそのノードがすでに探索されたかどうか調べる．探索されていない場合は，そのノードを次に探索すべきノード v とする．

- 5 **ノード u，v 間の辺の登録**

   ノード v が次に探索すべきノードであるとき，ノード u，v 間の辺は幅優先探索木を構成する辺であるので，木を構成する辺の集合を表す配列 bf_tree の edge_cnt 番目の要素のメンバにそれぞれのノード番号 u，v を代入する．また，次の登録に備えて，edge_cnt に 1 を加える．

- 6 **ノード v のキューへの登録および探索済みの登録**

   手順 2 にならって，ノード v のキューへの登録および探索済みの登録を行う．

- 7 **ノード u に関する手順の繰り返し**

   4 〜 6 の手順を，次に探索すべきノードがなくなるまで繰り返す．

- 8 **次のノードの探索**

   キューに次に探索すべきノードが登録されていたら（tail < head），手順 3 に戻り，次のノードの探索を行う．キューが空であったら探索を終了する．

プログラムの残りの部分は，以下のようになる．

```
/* bf_search.c 幅優先探索 */
#include <stdio.h>

#define NODES 9  /* ノード数 */
#define START 0  /* 探索開始ノード */

struct edge{
  int start_node; /* 辺の一端のノード番号 */
  int end_node;   /* 辺の一端のノード番号 */
};
int matrix[NODES][NODES];      /* 隣接行列 */
int bf_flag[NODES];            /* 探索状況 (0:未探索，1:探索済み) */
struct edge bf_tree[NODES - 1]; /* 探索木 */
int edge_cnt;
```

```
void bf_search(int);

int main() {
  int i, u, v; /* ループ制御用 */
  FILE *fp;    /* データ読み込み用 */

  for(u = 0; u < NODES; u++)
    for(v = 0; v < NODES; v++)
      matrix[u][v] = 0;

  if((fp = fopen("graph1.dat", "r")) == NULL) {
    fprintf(stderr, "File not found: graph.dat\n");
    return 1;
  }

  while(fscanf(fp, "%d %d", &u, &v) != EOF) {
    matrix[u][v] = 1;
    matrix[v][u] = 1;
  }
  fclose(fp);

  for(u = 0; u < NODES; u++) {        /* 隣接行列を表示する */
    for(v = 0; v < NODES; v++) {
      printf(" %d", matrix[u][v]);
    }
    printf("\n");
  }

  for(u = 0; u < NODES; u++) {
    bf_flag[u] = 0;   /* 探索状況を未探索に初期化 */
  }
  edge_cnt = 0;
  bf_search(START);

  for(i = 0; i < NODES - 1; i++) { /* 探索木を表示する */
    printf("(%d, %d)", bf_tree[i].start_node, bf_tree[i].end_node);
  }
  printf("\n");

  return 0;
}
```

まとめ

本章では，道路網，線路網，電話網などのネットワークのモデル化としてグラフを導入し，二つのノードがつながっているか否か，ノードからノードに到達できるか否かといったことを調査する二つのアルゴリズムについて述べた．なお，深さ優先探索の実装は，前章のスタックと相性がよい．すなわち，探索時に隣接ノードをプッシュしていき，ポップしたノードから順に探索を行うと深さ優先探索になる．同様に，幅優先探索はキュー

と相性がよい.また,深さ優先探索で得られる探索木と幅優先探索で得られる探索木は一般に異なることからわかるとおり,グラフ探索によって得られる探索木は一意には決まらない.

章末問題

次のグラフについて,ノード0から到達可能なすべてのノードを探索する.このとき,次の問いに答えよ.なお,各探索手法において,探索の途中で,選択可能なノードが複数存在した場合は,番号が小さいノードが優先されるものとする.

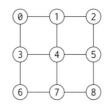

(1) 深さ優先探索により出力される辺を,順番にすべて答えよ.

(,) (,) (,) (,) (,) (,) (,) (,)

(2) 幅優先探索により出力される辺を,順番にすべて答えよ.

(,) (,) (,) (,) (,) (,) (,) (,)

第 7 章

最短経路問題

　重み情報をもたないグラフでは，得られる情報がノード間のつながりの情報だけで
あるため，その探索の結果得られる探索木は一意に決まるものではなかった．これに
対して，重み付きグラフでは，辺の重みの総和を小さくするという条件のもとで一意
に探索木を構築することができる．これは，たとえば，鉄道の駅間の関係をノードお
よび辺で表し，それらの間の距離を辺の重みとしたとき，ある駅とある駅を最小の距
離で結ぶ経路を求めるという最短経路問題が解けることを意味している．本章では，
最短経路とその距離を求めるためのアルゴリズムについて述べる．

7.1　ダイクストラ法（最短経路長）

　ダイクストラ法（Dijkstra's algorithm）は，あるノードからあるノードへ到達でき
る最短の距離（最短経路長）を求めるためのアルゴリズムで，**動的計画法**（dynamic
programming）の一種である．すべての経路を一度にまとめて計算するのではなく，
部分的に最短経路を計算し，これを徐々に広げていくことにより，全体としての最短経
路を実時間で計算することができる．図 7.1 に，ダイクストラ法により最短経路長を
求める処理の例を示す．この例では，重み付きグラフのノード 0 からノード 5 への最
短経路長を算出する．図中では，黒色の数字がノード番号，青色の数値がノード間の
距離，グラフの下の表がその時点での各ノードの最短経路長を表す．ダイクストラ法
では，グラフ中のノードを，最短経路長が確定しているノードと確定していないノー
ドの 2 種類に分類する．図中では，前者を太線で囲んでいる．すなわち，以下で囲み
の中にあるノードとは，最短経路長が確定しているノードを指す．
　次に，図 7.1 を例にしてダイクストラ法のアルゴリズムを示す．

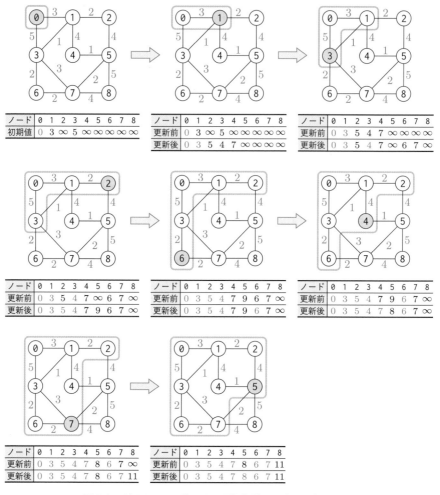

図 7.1　ダイクストラ法により最短経路長を求める処理の例

ノード	0	1	2	3	4	5	6	7	8
初期値	0	3	∞	5	∞	∞	∞	∞	∞

ノード	0	1	2	3	4	5	6	7	8
更新前	0	3	∞	5	∞	∞	∞	∞	∞
更新後	0	3	5	4	7	∞	∞	∞	∞

ノード	0	1	2	3	4	5	6	7	8
更新前	0	3	5	4	7	∞	∞	∞	∞
更新後	0	3	5	4	7	∞	6	7	∞

ノード	0	1	2	3	4	5	6	7	8
更新前	0	3	5	4	7	∞	6	7	∞
更新後	0	3	5	4	7	9	6	7	∞

ノード	0	1	2	3	4	5	6	7	8
更新前	0	3	5	4	7	9	6	7	∞
更新後	0	3	5	4	7	9	6	7	∞

ノード	0	1	2	3	4	5	6	7	8
更新前	0	3	5	4	7	9	6	7	∞
更新後	0	3	5	4	7	8	6	7	∞

ノード	0	1	2	3	4	5	6	7	8
更新前	0	3	5	4	7	8	6	7	∞
更新後	0	3	5	4	7	8	6	7	11

ノード	0	1	2	3	4	5	6	7	8
更新前	0	3	5	4	7	8	6	7	11
更新後	0	3	5	4	7	8	6	7	11

■ 初期状態

次の手順で，初期状態を設定する．

(i) 始点であるノード 0 自身の最短経路長を 0 と確定するとともに，ノード 0 を太線で囲む．

(ii) ノード 0 の隣接ノードに，ノード 0 からの距離を最短経路長として与える．この距離は，現在までわかっている範囲での最短経路長であり，以下の処理により更新される可能性があるため，太線の囲みの中には入れない．

(iii) (i) と (ii) に当てはまらないすべてのノードの最短経路長を無限大とする.

2 **探索すべきノードの決定および最短経路長の確定**

次の条件を満たすノードを調査し,そのノードの現在の最短経路長の値を正式な最短経路長と確定し,囲みの中に入れる.

(i) 囲みの中のいずれかのノードの隣接ノードである.

(ii) 囲みの外にあるすべてのノードのうち,最短経路長が最も小さいノードである.

ここで選択されたノードをノード u とする.

3 **隣接ノードの最短経路長の更新**

ノード u のある隣接ノード v に対して,次のように最短経路長を更新する.

(i) ノード u の最短経路長にノード u, v 間の距離を加えた距離を求める.

(ii) (i) で求めた距離がノード v の現在の最短経路長よりも小さければ,この距離をノード v の新しい最短経路長とする.

以上の処理を,ノード u のすべての隣接ノードに対して行う.

4 **探索の繰り返しおよび終了条件**

手順 **2** に戻って,これらの一連の最短経路長の確定および更新処理を繰り返す.ただし,終点であるノード 5 の最短経路が確定した段階でこのアルゴリズムは終了となる.このとき,ノード 8 のような未探索ノードがあってもよいことに注意する.

では,図 7.1 で示した重み付きグラフを例に,このアルゴリズムを実現するプログラムを記述してみよう.

まず,各種マクロを次のように定義する.

```
#define NODES 9    /* ノードの数 */
#define INF   999  /* 無限大 */
```

ここで,NODES はノードの数,INF はノード間の無限大の距離を意味する.ノードを扱うための構造体を次のように定義する.

```
struct node {
  int dist;  /* 始点からの距離 */
  int flag;  /* ノードが囲みの中にあるかどうかを表すフラグ */
};
```

隣接行列を表す配列 matrix および各ノード情報を表す配列 node_dat は,次のように宣言できる.

```
int matrix[NODES][NODES];      /* 隣接行列 */
struct node node_dat[NODES];   /* ノード情報 */
```

重み付きグラフの構造を表現するためには，次のようなデータファイル graph2.dat を用意する．ただし，各行の三つの値は，それぞれ辺の始点，終点，重みを表している．

```
0 1 3
0 3 5
1 2 2
1 3 1
1 4 4
2 5 4
3 6 2
3 7 3
4 5 1
5 7 2
5 8 5
6 7 2
7 8 4
```

次に，処理の手順を示す．

---

1 隣接行列を作成

データファイル graph2.dat を読み込み，隣接行列を作成する．ただし，辺が存在しないノード間に相当する要素には，無限大を表すために，ここでは重みとして与えられる値よりも十分大きい 999 を定義したマクロ INF を用いる．ここで扱うグラフは無向グラフなので，隣接行列は対称行列になることに注意する．

2 初期設定

各ノードの情報を表す配列 node_dat の各要素のメンバの内，始点からそのノードまでの距離を表す dist に無限大 INF を，そのノードが囲みの中にあるかを表す flag に，まだ囲みの中にないことを示す 0 をそれぞれ代入する．

3 探索処理

ノード 0 を始点，ノード 5 を終点とする探索を行う．詳しい手順を後述する．

4 始点と終点間の最短経路長を出力

次のように，探索によって求められた始点と終点間の最短経路長を出力する．

```
0 -> 5 : Distance =  8
```

最短経路長を求めるための探索処理は，次のように定義した dijkstra() 関数を呼び出すことにより実行される．

```
void dijkstra (int start, int end) {
          :
}
```

引数の start は探索の始点のノード番号で，end は探索の終点のノード番号である．
関数の中には，それぞれを始点および終点とする探索の手順を記述する．

1　始点の囲みへの登録

始点を囲みの中に登録するために，フラグ node_dat[start].flag に囲み
の中にあることを表す 1 を代入する．

2　始点および隣接ノードの最短経路長の初期設定

始点から各ノードへの辺がある場合にはその辺の距離を，始点からの最短経
路長の初期値とする．また，node_dat[start].dist を 0 とすることによ
り，始点から始点までの距離を設定する．上記に当てはまらないノードに関
しては，すでに初期設定されているとおり，無限大が初期値となる．

3　囲みの外の最短経路長が最小のノードの調査

あるノード x が囲みの中にあるかどうかは node_dat[x].flag を参照して
確認する．囲みの外にあるときは，node_dat[x].dist を参照することによ
りノード x までの最短経路長を得る．以上の参照を x を 0 から NODES − 1
まで変化させて行い，囲みの外にある最短経路長が最小のノード u を求める．

4　ノード u の囲みへの登録

手順**1**にならって，ノード u を囲みの中に登録する．

5　ノード u の隣接ノードの最短経路長の更新

あるノード v がノード u の隣接ノードであり，かつ囲みの外にある場合，
ノード v の現在の最短経路長 node_dat[v].dist とノード u の最短経路長
にノード u，v 間の辺の距離（重み）matrix[u][v] を加えた距離とを比較
し，後者のほうが小さい場合には，それをノード v の新しい最短経路長と
する．

6　次のノードの探索

手順**3**に戻り，次のノードの探索を行う．ただし，現在更新を行ったノード
u が終点 end であったら，探索を終了する．

問 7.1　データファイル graph2.dat を読み込むことにより，図 7.1 に示す重み付きグラ
フの隣接行列を構成するプログラムを作成せよ．

解答例　（省略）

問 7.2 問 7.1 で構成した隣接行列を用いて，ダイクストラ法に基づいてノード 0 とノード 5 の間の最短経路長を求めるプログラムを作成せよ．

解答例 （省略．次節で，最短経路そのものも求められるように改良したプログラムを示す．）

7.2 最短経路

ダイクストラ法により最短経路長を求めることができたが，二つのノード間の最短経路長を与える経路（最短経路）そのものを求めるには至っていない．ところが，若干の工夫を加えることにより，最短経路を求めることもできる．

図 7.2 に示すように，ノード u からノード x までの最短経路を求めることを考える．図では最短経路を青線で表している．ノード w は，隣接するノード x への辺が最短経路であることを知っているとする（図 (a)）．このとき，ノード v は，最短経路上の隣接ノード w を知っていれば，ノード w を経由してノード x に最短経路で到達することができる（図 (b)）．同様に，ノード u は，ノード v を知っていれば，ノード v, w を経由してノード x に最短経路で到達することができる（図 (c)）．すなわち，各ノードは自分自身を最短経路で目的のノードへ導く隣接ノードを知っていればよいことになる．

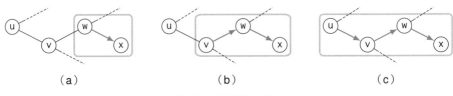

| (a) | (b) | (c) |

図 7.2　最短経路の概念

このような考え方をダイクストラ法に当てはめると，各ノードにおける最短経路長の最後の更新に関与したノードが，そのノードを最短経路で始点[*1]へ導く隣接ノードにほかならない．

最短経路を求めるための，プログラムの修正点を次に示す．

まず，最短経路の終端を表すマクロ END_OF_PATH を次のように定義する．

```
#define END_OF_PATH -1
```

さらに，ノードを扱うための構造体 node に，自分自身を最短経路で目的のノードへ導く隣接ノードを表す path をメンバとして加える．

[*1]　終点ではなくて始点であることに注意してほしい．

```
struct node {
  int dist;
  int flag;
  int path;   /* 最短経路で目的のノードへ導く隣接ノード */
};
```

最短経路長を求める手順における追加点は，次のとおりである．

----

2 始点および隣接ノードの最短経路長の初期設定における追加

始点および始点の隣接ノードの最短経路の初期化を行う．始点から各ノード
への辺がある場合は，そのノードにおける最短経路を始点である start と
する．また，ノード start を経由するノードはないので，ノード start の
最短経路には終端を表す END_OF_PATH を代入する．

5 ノード u の隣接ノードの最短経路長の更新における追加

ノード u の隣接ノードの最短経路の更新を行う．ノード v がノード u の隣
接ノードであり，ノード v の最短経路長の更新を行うとき，その時点では，
ノード v を最短経路で目的のノードに導くノードは，ノード u であるので，
ノード v の最短経路を表す node_dat[v].path に u を代入する．

最後に，求めた最短経路を出力する．終点のノード 5 の最短経路を出力する手順は，
次のとおりである．

----

1 x に 5 を代入する．

2 ノード x を最短経路で目的のノードに導く隣接ノード node_dat[x].path
を表示する．

3 次の表示に備えて，x を node_dat[x].path とする．

4 **2** に戻り表示を続ける．このとき，node_dat[x].path が最短経路の終端を
示す END_OF_PATH になったら表示は終了である．

以上の修正を加えることにより，次のように最短経路を求めることができる．

```
0 -> 5 : Distance = 8, Path : 5 4 1 0
```

ただし，経路は終点から始点へと表示の順番が逆になることに注意する．

ダイクストラ法で，最短経路を求められるように修正したプログラム（例）を以下
に示す．

```c
#include <stdio.h>

#define NODES       9        /* ノードの数 */
#define INF         999      /* 無限大の距離 */
#define END_OF_PATH -1       /* 経路の終端【追加箇所】 */
#define START       0        /* 始点ノード */
#define END         5        /* 終点ノード */

struct node {
  int dist;
  int flag;
  int path;
};
struct node node_dat[NODES];  /* ノード情報 */
int matrix[NODES][NODES];     /* 隣接行列 */

/* ダイクストラ法による最短経路長探索 */
void dijkstra (int start, int end)
{
  int u, v, x;  /* ループ用 */
  int min;      /* 最短経路長の最小値 */

  /* ノードstart を囲みの中に入れる */
  node_dat[start].flag = 1;

  /* ノードstart に隣接するノードの設定 */
  for (v = 0; v < NODES; v++)
    if (matrix[start][v] != INF) {
      node_dat[v].dist = matrix[start][v];
      node_dat[v].path = start;  /* 【追加箇所】 */
    }

  /* ノードstart の設定 */
  node_dat[start].dist = 0;

  node_dat[start].path = END_OF_PATH;  /* 【追加箇所】 */

  u = start;
  while (u != end) {
    min = INF;
    /* 囲みの中にないノードx を調査する */
    for (x = 0; x < NODES; x++)
      if (node_dat[x].flag != 1 && min > node_dat[x].dist) {
        min = node_dat[x].dist;  /* 最短経路長の最小値を求める */
        u = x;                   /* 最小値をもつノードu を求める */
      }

    /* 最小値をもつノードu を囲みの中に入れる */
    node_dat[u].flag = 1;
```

```
      /* 囲みの中にないノードu の隣接ノードを調査する */
    for (v = 0; v < NODES; v++)
      if (matrix[u][v] != INF && node_dat[v].flag != 1)
        if (node_dat[v].dist > node_dat[u].dist + matrix[u][v]) {
          /* ノードu を経由したほうが距離が短いなら距離を更新する */
          node_dat[v].dist = node_dat[u].dist + matrix[u][v];

          /* ノードu を経由するように最短経路を更新する【追加箇所】 */
          node_dat[v].path = u;
        }
  }
}

int main()
{
  int u, v;      /* ループ用 */
  int weight;    /* 辺の重さ */
  FILE *fp;      /* 読込用ファイルポインタ */


  for (u = 0; u < NODES; u++)
    for (v = 0; v < NODES; v++)
      matrix[u][v] = INF;

  if ((fp = fopen ("graph2.dat", "r")) == NULL) {
    fprintf (stderr, "File not found: graph2.dat\n");
    return 1;
  }

  while (fscanf (fp, "%d %d %d", &u, &v, &weight) != EOF) {
    matrix[u][v] = weight;
    matrix[v][u] = weight;
  }
  fclose (fp);

  for (u = 0; u < NODES; u++) {
    node_dat[u].dist = INF;  /* 最短経路長を無限大（未探索）にする */
    node_dat[u].flag = 0;    /* 探索状況フラグをゼロクリアする */
  }

  dijkstra (START, END);     /* ダイクストラ法による最短経路長探索 */

  /* 最短経路長および最短経路を表示する */
  printf ("%d -> %d : Distance ... %d, ", START, END, node_dat[END].dist);
  printf ("Path ... %d ", END);  /* 【追加箇所】 */
  for (u = END; node_dat[u].path != END_OF_PATH; u = node_dat[u].path)
    printf("%d ", node_dat[u].path);
  printf("\n");

  return 0;
}
```

問 7.3　最短経路を求められるように修正したプログラムの動作を確認せよ.

解答例　（省略）

まとめ

　本章では，あるノードからあるノードへ到達できる最短経路長，ならびに最短経路を求めるアルゴリズムとして，ダイクストラ法について述べた．重み情報をもたないグラフでは，探索で得られる探索木は一意に定まるものではなかったが，重み付きグラフにおいては，辺の重みの総和を小さくするという条件のもとで一意に探索木を構築することができる．一意な探索木を構築するためには，すべての探索木をしらみつぶしに出力し，その中から最適なものを選び出せばよい．しかしながら，これをこのまま実現するためには，指数時間以上の時間計算量が必要となることが知られており，現実的ではない．そこで，しらみつぶしに探索することなく，最適なものを選び出せるようにしたのが，このダイクストラ法である．探索木全体の経路長を一度にまとめて計算するのではなく，隣接するノードごとに，その経路長を徐々に計算していくことにより，実時間での探索を可能としている．

章末問題

　ノード間の各経路に重みが付与された重みつき無向グラフを次に示す．これについて，次の問いに答えよ．

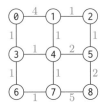

(1) ノード0からノード8までの最短経路長と最短経路をダイクストラ法により求めることを考える．次ページの表のように，探索の過程において対象となるノード番号uの値，および，更新されるノード情報 *dist*, *flag*, *path* の値を順に求めていく．なお，探索の途中で，選択可能なノードが複数存在した場合は，ノード番号の小さいものが優先されるものとする．次ページの表の空欄をすべて埋めよ．

(2) (1) で得られた結果をもとに，ノード0からノード8までの最短経路長と最短経路を，それぞれ答えよ．

　　　最短経路長：＿＿＿＿＿＿　最短経路：0 → ＿＿＿＿＿＿＿＿＿＿＿＿＿＿＿＿＿ → 8

	0	1	2	3	4	5	6	7	8
ノード u = [0]									
dist	0								
flag	1								
path	EOP								
ノード u = [　]									
dist	0								
flag	1								
path	EOP								
ノード u = [　]									
dist	0								
flag	1								
path	EOP								
ノード u = [　]									
dist	0								
flag	1								
path	EOP								
ノード u = [　]									
dist	0								
flag	1								
path	EOP								
ノード u = [　]									
dist	0								
flag	1								
path	EOP								
ノード u = [　]									
dist	0								
flag	1								
path	EOP								
ノード u = [　]									
dist	0								
flag	1								
path	EOP								
ノード u = [　]									
dist	0								
flag	1								1
path	EOP								

第 **8** 章

二分探索木

名簿からのメンバー情報の検索や受注履歴からの納期の検索といったテーブルの検索は，計算機の操作において頻繁に出会う．この問題の本質は，ある値がリストに存在するか否か，存在すればどこに存在するかを問うことである．そして，この問題に素早く答えるのに適したデータ構造が二分探索木である．二分探索木は，データを値が大きいグループと小さいグループに分け，探索する値がどちらのグループに属するべきかを繰り返し調べることで探索範囲を素早く絞り込むという，ある種の分割統治法になっている．二分探索木は，第 11 章で述べる二分探索をデータ構造で表したものである．

8.1 木構造

リストは要素が順番に一列に並んだデータを扱うものであるが，章や節からなる本やディレクトリなど，階層構造をもつデータの集合を扱う場合には，**木構造**（tree structure）を利用すると便利である．木構造とは，複数の**ノード**（node）からなるグラフの一種で，図 8.1 に示すように，最上位にある一つのノード（**ルート**（root））に複数のノードが階層的に連結された構造のことを指す．ちょうど，枝葉のある木を逆さにした形状となっている．連結された各ノード間には親子関係が存在し，上位のノー

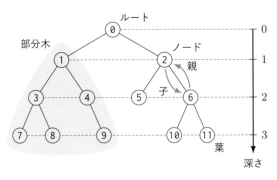

図 8.1 木構造

ドを**親**（parent），下位のノードを**子**（child）とよぶ．親は0個以上の子をもち，子は
ちょうど一つの親をもつ．子をもたないノードを**葉**（leaf）とよぶ．また，あるノード
に連結された子から下の部分をそのノードの**部分木**（sub tree）とよぶ．あるノード
が，ルートを起点として何世代目の子にあたるかを**深さ**（depth）または**レベル**（level）
という．

8.2 二分木

　各ノードからの枝分かれ，すなわち親に連結された子の数が二つ以下の木構造を**二
分木**（binary tree）とよぶ（図 8.2(a)）．とくに，ルートから順番に上から下へ，ま
た同じ深さでは左から右へ順番に要素が詰められた二分木を，**完全二分木**（complete
binary tree）とよぶ（図 (b)）．完全二分木は後述のヒープで使用する．

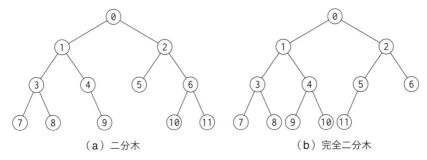

（a）二分木　　　　　　　　　（b）完全二分木

図 8.2　二分木と完全二分木

　各ノードをその値と二つの子へのポインタとして定義し（図 8.3），これを連結する
ことにより二分木を実現することができる．たとえば，ある人物の名前と，その人物
の生まれた年からなる構造体へのポインタを値としてもつノードは，構造体を利用し
て次のように記述することができる．

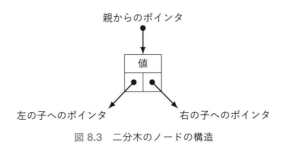

図 8.3　二分木のノードの構造

```
struct person {          /* 人の情報 */
  char *name;            /* 名前 */
  int year;              /* 誕生年 */
};

struct node {            /* 二分木 */
  struct person *value;  /* ノードの値 */
  struct node *child_l;  /* 左の子へのポインタ */
  struct node *child_r;  /* 右の子へのポインタ */
};
```

このようなノードの新規作成は，ノードに格納する値を引数とし，生成されたノードへのポインタを戻り値とする create_node(struct person *new_person) 関数の中で，次の手続きを行うことで実現できる．

1 必要なメモリ領域の確保

```
new_node = (struct node *)malloc(sizeof(struct node));
```

2 ノードの値の設定

```
new_node->value = new_person;
```

3 子ノードへのポインタの初期化

```
new_node->child_l = NULL;
new_node->child_r = NULL;
```

4 生成されたノードへのポインタの返却

```
return new_node;
```

ただし，この場合，ノードの値として格納する構造体 person はあらかじめ用意しておく必要があり，ノードの新規生成時には，その用意された構造体へのポインタを渡すことを前提にしていることに注意する．この構造体のための領域確保の例を，次に示す．

```
new_person = (struct person *)malloc(sizeof(struct person));
new_person->name = (char *)malloc(strlen(new_name) + 1);
```

問 8.1 上のデータ構造を用いて，図 8.4 に示す二分木を実装せよ．

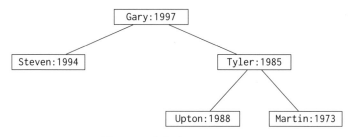

図 8.4 二分木データ

解答例 プログラムの例は次のようになる.

```
#include<stdio.h>
#include<stdlib.h>
#include<string.h>

/* 構造体 person, node の定義(p.68) */

struct node *create_node(struct person *new_person);
struct person *create_person(char *new_name, int new_year);
void print_tree(struct node *tree, int depth);
void print_person(struct person *person);

int main() {
  /* 各ノードを生成する */
  struct node *gary = create_node(create_person("Gary", 1997));
  struct node *steven = create_node(create_person("Steven", 1994));
  struct node *tyler = create_node(create_person("Tyler", 1985));
  struct node *upton = create_node(create_person("Upton", 1988));
  struct node *martin = create_node(create_person("Martin", 1973));

  /* ノードを二分木の形につなぐ */
  tyler->child_l = upton;
  tyler->child_r = martin;
  gary->child_l = steven;
  gary->child_r = tyler;

  /* できた木を表示する */
  print_tree(gary, 0);

  return 0;
}

/* ノードを生成する関数 */
struct node *create_node(struct person *new_person) {
  struct node *new_node;

  new_node = (struct node*)malloc(sizeof(struct node));
  new_node->value = new_person;
  new_node->child_l = NULL;
```

```
  new_node->child_r = NULL;

  return new_node;
}

/* person データを生成する関数 */
struct person *create_person(char *new_name, int new_year) {
  struct person *new_person;

  new_person = (struct person *)malloc(sizeof(struct person));
  new_person->name = (char *)malloc(strlen(new_name) + 1);
  strcpy(new_person->name, new_name);
  new_person->year = new_year;

  return new_person;
}

/* 二分木を表示する関数. 各ノードは深さにあわせて字下げする */
void print_tree(struct node *tree, int depth) {
  int i;
  if(tree == NULL) return;
  print_tree(tree->child_l, depth + 1);
  for(i = 0; i < depth; i++) {
    printf("    ");
  }
  print_person(tree->value);
  print_tree(tree->child_r, depth + 1);

  return;
}

/* 構造体 person の表示用関数 */
void print_person(struct person *person) {
  printf("%s : %d\n", person->name, person->year);

  return;
}
```

プログラムの実行結果は，次のようになる．

```
$ cc -o bin_tree81 bin_tree81.c
$ ./bin_tree81
    Steven : 1994
Gary : 1997
        Upton : 1988
    Tyler : 1985
        Martin : 1973
```

頻繁に更新されるデータの集合に対して，あるキーを与えて，それに対応する値を検索する場合，次の条件を満たす二分木である**二分探索木**（binary search tree）を利用すると便利である．

任意のノード x の左部分木（左の子をルートとする部分木）のすべてのノードの値は x の値より小さく，かつ右部分木（右の子をルートとする部分木）のすべてのノードの値は x の値より大きい．

この二分探索木による探索は，ノードへのポインタと探索キーを引数にとり，探索の結果見つかったノードへのポインタを戻り値とする search_node(struct node *pointer, char *key) 関数の中で次の手続きを定義し，これを二分探索木のルートから再帰的に適用することにより実現される．

1 もし引数として与えられたポインタが NULL であれば，探索の結果，対象となるノードが見つからなかったことを意味する NULL を返す．

```
if (pointer が示す先が NULL) {
  NULL を返す;
}
```

2 もしポインタが示すノードの値が探索対象であれば，そのノードへのポインタを返す．

```
if (pointer が示すノードの値がキー) {
  pointer の値を返す;
}
```

3 もしポインタが示すノードの値が探索対象より大きければ，そのノードの左部分木を再帰的に探索した結果を返し，そうでなければ，同様に右部分木を探索した結果を返す．

```
if (pointer が示すノードの値が探索対象より大きい) {
  左部分木を探索し，その結果を返す;
} else {
  右部分木を探索し，その結果を返す;
}
```

たとえば，8.2 節の名前と生まれた年からなる構造体へのポインタを値としてもつ

ノードからなり，名前のアルファベット順に従って作成された二分探索木に対して名前をキーとして生まれた年を探索する場合には，条件式におけるノードの値とキーの比較に，次のように strcmp() 関数を利用することができる．

```
strcmp(pointer->value->name, key)
```

このような二分探索木を利用することにより，最大で木の深さ分だけデータを調べればよいので，すべてのデータに対してそのまま探索を行う場合と比較して効率的に目的のデータを探すことが可能である（図 8.5）.

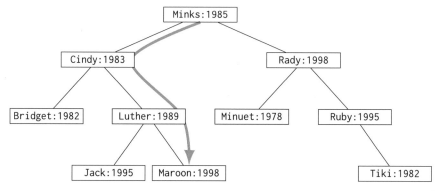

図 8.5　二分探索木による探索

また，この二分探索木への新たなノードの追加は，追加位置の候補を示すポインタ型変数へのポインタ[*1] と，追加するノードへのポインタを引数とする add_node(struct node **pointer, struct node *new_node) 関数の中で次の手続きを定義し，これを二分探索木のルートから再帰的に適用することにより実現される（図 8.6）.

1　ノードの追加位置の候補を示すポインタが NULL の場合，その場所にノードを追加する．

```
if (*pointer が示す先が NULL) {
  *pointer に新規ノードへのポインタを代入;
}
```

2　NULL でない場合，そのノードの値と新規ノードの値を比較し，新規ノードの値が小さければ左の子，大きければ右の子に対して新規ノードの追加位置を調べる．

[*1]　C 言語を習得するうえでの一つの鬼門であるが.

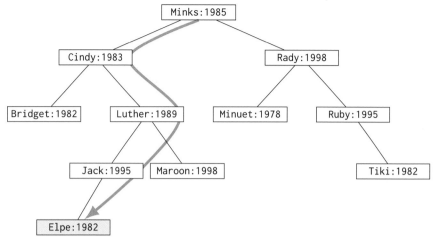

図 8.6　二分探索木への新規ノードの追加

```
if (*pointer が示すノードの値より新規ノードの値が小さい) {
    左部分木に対して追加位置を調べる;
} else {
    右部分木に対して追加位置を調べる;
}
```

　ただし，このときノードの追加位置を示すポインタの値を関数の中で変更するため，ポインタ型変数へのポインタを関数に渡す必要がある．そのため，ノードの値などを参照するには次のように記述する必要があることに注意する．

```
(*pointer)->value->name
```

同様に，子ノードへのポインタのアドレスを参照するには，次のように記述する．

```
&((*pointer)->child_l)
```

問 8.2　次の表に示す果物の名前とその値段をメンバとしてもつ構造体を定義し，この構造体へのポインタをノードの値としてもつ二分木のノードを定義せよ．次に，果物の名前に対して二分探索木の構造を保つように，アルファベット順に基づいてデータを追加する add_node() 関数，および，この関数により生成される二分探索木に対し，果物の名前をキーとして探索を行う search_node() 関数を定義せよ．さらに，これらの関数を利用して，表の果物の名前とその値段の対からなるデータから二分探索木を生成するプログラムを作成し，apple, lemon, cranberry, raspberry の各値段を求めよ．

果物	値段	果物	値段	果物	値段
kiwi	150	persimmon	100	pineapple	270
orange	80	melon	780	lemon	70
blueberry	320	banana	30	apple	120
litchi	50	mango	180	durian	980
papaya	200	raspberry	350	pear	90

解答例　プログラムの例は次のようになる.

```
#include<stdio.h>
#include<stdlib.h>
#include<string.h>

struct fruit {
  char *name;
  int price;
};

struct node {                    /* fruit をノードとする二分木 */
  struct fruit *value;
  struct node *child_l;
  struct node *child_r;
};

struct node *create_node(struct fruit *new_fruit);
struct fruit *create_fruit(char *new_name, int new_price);
void add_node(struct node **tree_p, struct node *new_node);
struct fruit *search_node(struct node *tree, char *fruit_name);
void input_fruit_name(char *buffer, int size);
void print_tree(struct node *tree, int depth);
void print_fruit(struct fruit *fruit);

int main() {
  int i;
  struct node *data[15];
  struct node *root = NULL;  /* 二分探索木のルート */
  char fruit_name[100];      /* 入力バッファ */
  struct fruit *result;      /* 探索結果 */

  /* 各ノードを生成する */
  data[ 0] = create_node(create_fruit("kiwi", 150));
  data[ 1] = create_node(create_fruit("orange", 80));
  data[ 2] = create_node(create_fruit("blueberry", 320));
  data[ 3] = create_node(create_fruit("litchi", 50));
  data[ 4] = create_node(create_fruit("papaya", 200));
  data[ 5] = create_node(create_fruit("persimmon", 100));
  data[ 6] = create_node(create_fruit("melon", 780));
  data[ 7] = create_node(create_fruit("banana", 30));
  data[ 8] = create_node(create_fruit("mango", 180));
```

```c
  data[ 9] = create_node(create_fruit("raspberry", 350));
  data[10] = create_node(create_fruit("pineapple", 270));
  data[11] = create_node(create_fruit("lemon", 70));
  data[12] = create_node(create_fruit("apple", 120));
  data[13] = create_node(create_fruit("durian", 980));
  data[14] = create_node(create_fruit("pear", 90));

  /* 二分探索木を構成する */
  for(i = 0; i < 15; i++) {
    add_node(&root, data[i]);
  }

  /* できた木を表示する */
  printf("-- Generated binary search tree --\n");
  print_tree(root, 0);
  printf("\n");

  /* 果物の探索 */
  input_fruit_name(fruit_name, sizeof(fruit_name));
  while(strcmp(fruit_name, "quit") != 0) {
    result = search_node(root, fruit_name);
    if(result == NULL) {
      printf("%s does not exists\n", fruit_name);
    } else {
      printf("%s : %d yen\n", result->name, result->price);
    }
    input_fruit_name(fruit_name, sizeof(fruit_name));
  }

  return 0;
}

/* ノードを生成する関数 */
struct node *create_node(struct fruit *new_fruit) {
  struct node *new_node;

  new_node = (struct node*)malloc(sizeof(struct node));
  new_node->value = new_fruit;
  new_node->child_l = NULL;
  new_node->child_r = NULL;

  return new_node;
}

/* fruit データを生成する関数 */
struct fruit *create_fruit(char *new_name, int new_price) {
  struct fruit *new_fruit;

  new_fruit = (struct fruit *)malloc(sizeof(struct fruit));
  new_fruit->name = (char *)malloc(strlen(new_name) + 1);
  strcpy(new_fruit->name, new_name);
```

```c
  new_fruit->price = new_price;

  return new_fruit;
}

void add_node(struct node **tree_p, struct node *new_node) {
  if(*tree_p == NULL) {
    *tree_p = new_node;
    return;
  }
  if(strcmp((*tree_p)->value->name, new_node->value->name) > 0) {
    add_node(&((*tree_p)->child_l), new_node);
  } else {
    add_node(&((*tree_p)->child_r), new_node);
  }
}

struct fruit *search_node(struct node *tree, char *fruit_name) {
  if(tree == NULL) { return NULL; }
  if(strcmp(tree->value->name, fruit_name) == 0) {
    return tree->value;
  }
  if(strcmp(tree->value->name, fruit_name) > 0) {
    return search_node(tree->child_l, fruit_name);
  } else {
    return search_node(tree->child_r, fruit_name);
  }
}

/* 果物の名前を入力するための関数 */
void input_fruit_name(char *buffer, int size) {
  printf("input fruit name> ");
  fgets(buffer, size, stdin);
  buffer[strlen(buffer) - 1] = '\0';
}

/* 二分木を表示する関数．各ノードは深さにあわせて字下げする */
void print_tree(struct node *tree, int depth) {
  int i;
  if(tree == NULL) return;
  print_tree(tree->child_l, depth + 1);
  for(i = 0; i < depth; i++) {
    printf("    ");
  }
  print_fruit(tree->value);
  print_tree(tree->child_r, depth + 1);

  return;
}
```

```
/* 構造体 fruit の表示用関数 */
void print_fruit(struct fruit *fruit) {
  printf("%s : %d\n", fruit->name, fruit->price);

  return;
}
```

実行結果は次のようになる.

```
$ cc -o bin_tree82 bin_tree82.c
$ ./bin_tree82
-- Generated binary search tree --
          apple : 120
        banana : 30
    blueberry : 320
        durian : 980
kiwi : 150
            lemon : 70
        litchi : 50
                mango : 180
            melon : 780
    orange : 80
        papaya : 200
                pear : 90
            persimmon : 100
                    pineapple : 270
                raspberry : 350

input fruit name> apple
apple : 120 yen
input fruit name> lemon
lemon : 70 yen
input fruit name> cranberry
cranberry does not exists
input fruit name> raspberry
raspberry : 350 yen
input fruit name> quit
```

8.4 二分探索木のトラバーサル

二分探索木において,ルートから始めてすべてのノードを訪問するように走査する処理を,二分探索木の**トラバーサル** (traversal) という.トラバーサルは,「訪れたノードを表示する処理」をどこで実行するかで次の三つに区別される(図 8.7).

- **行きがけ順(先順)トラバーサル** (preorder traversal)
  ① ノードの表示

走査の経路

A	行きがけ順：最初にノードを表示
B	通りがけ順：途中でノードを表示
C	帰りがけ順：最後にノードを表示

図 8.7　トラバーサル

  2　左の木を走査する再帰呼び出し

  3　右の木を走査する再帰呼び出し

- **通りがけ順（中順）トラバーサル**（inorder traversal）

  1　左の木を走査する再帰呼び出し

  2　ノードの表示

  3　右の木を走査する再帰呼び出し

表示されるデータは小さい順に並び，右の木の走査と左の走査を逆にすると大きい順に並ぶ．

- **帰りがけ順（後順）トラバーサル**（postorder traversal）

  1　左の木を走査する再帰呼び出し

  2　右の木を走査する再帰呼び出し

  3　ノードの表示

問 8.3　　人物の名前とその人物の生まれた年をメンバとしてもつ構造体を定義し，この構造体へのポインタをノードの値としてもつ二分木のノードを定義せよ．次に，二分探索木の構造を保つように，人物の生まれた年をノードの値のキーとしてデータを追加する add_node() 関数，およびこの関数により生成される二分探索木に対し，行きがけ順，通りがけ順，帰りがけ順，それぞれでトラバーサルを行う preorder()，inorder()，postorder() 関数を定義せよ．さらに，これらの関数を利用し，次の表に示す人物の名前とその生まれた年の対のデータからなる二分探索木を生成し，二分探索木の行きがけ順，通り順，帰り順の各トラバーサルを実行するプログラムを作成せよ．

人物	生年	人物	生年
Dali	1904	Michelangelo	1475
da Vinci	1452	Picasso	1881
Hokusai	1760	Raphael	1483
Kandinsky	1866	Utrillo	1883
Matisse	1869	van Gogh	1853

解答例　プログラムの例は次のようになる．プログラム中，「問 8.1」とコメントがついている関数は，問 8.1 のものを使っている．

```
#include<stdio.h>
#include<stdlib.h>
#include<string.h>

/* 構造体 person, node の定義 (p.68) */

struct node *create_node(struct person *new_person);        /* 問 8.1 */
struct person *create_person(char *new_name, int new_year); /* 問 8.1 */
void add_node(struct node **tree_p, struct node *new_node);
void preorder(struct node *tree);
void inorder(struct node *tree);
void postorder(struct node *tree);
void print_tree(struct node *tree, int depth);              /* 問 8.1 */
void print_person(struct person *person);                   /* 問 8.1 */

int main() {
  int i;
  struct node *data[10];
  struct node *root = NULL;  /* 二分探索木のルート */

  /* 各ノードを生成する */
  data[0] = create_node(create_person("da Vinci", 1452));
  data[1] = create_node(create_person("Michelangelo", 1475));
  data[2] = create_node(create_person("Raphael", 1483));
  data[3] = create_node(create_person("Hokusai", 1760));
  data[4] = create_node(create_person("van Gogh", 1853));
  data[5] = create_node(create_person("Kandinsky", 1866));
  data[6] = create_node(create_person("Matisse", 1869));
  data[7] = create_node(create_person("Picasso", 1881));
  data[8] = create_node(create_person("Utrillo", 1883));
  data[9] = create_node(create_person("Dali", 1904));

  /* 二分探索木を構成する．この例では，生年順に追加している */
  for(i = 0; i < 10; i++) {
    add_node(&root, data[i]);
  }

  /* できた木を表示する */
  printf("-- Generated binary search tree --\n");
  print_tree(root, 0);
  printf("\n");

  /* 行きがけ順トラバーサル */
  printf("-- preorder traversal --\n");
  preorder(root);
  printf("\n");

  /* 通りがけ順トラバーサル */
  printf("-- inorder traversal --\n");
  inorder(root);
  printf("\n");
```

```
  /* 帰りがけ順トラバーサル */
  printf("-- postorder traversal --\n");
  postorder(root);

  return 0;
}

void add_node(struct node **tree_p, struct node *new_node) {
  if(*tree_p == NULL) {
    *tree_p = new_node;
    return;
  }
  if(strcmp((*tree_p)->value->name, new_node->value->name) > 0) {
    add_node(&((*tree_p)->child_l), new_node);
  } else {
    add_node(&((*tree_p)->child_r), new_node);
  }
}

void preorder(struct node *tree) {
  if(tree == NULL) { return; }
  print_person(tree->value);
  preorder(tree->child_l);
  preorder(tree->child_r);
}

void inorder(struct node *tree) {
  if(tree == NULL) { return; }
  inorder(tree->child_l);
  print_person(tree->value);
  inorder(tree->child_r);
}

void postorder(struct node *tree) {
  if(tree == NULL) { return; }
  postorder(tree->child_l);
  postorder(tree->child_r);
  print_person(tree->value);
}
```

プログラムの実行結果は，次のようになる．

```
$ cc -o bin_tree83 bin_tree83.c
$ ./bin_tree83
-- Generated binary search tree --
          Dali : 1904
       Hokusai : 1760
          Kandinsky : 1866
              Matisse : 1869
    Michelangelo : 1475
          Picasso : 1881
```

```
          Raphael : 1483
            Utrillo : 1883
da Vinci : 1452
    van Gogh : 1853

-- preorder traversal --
da Vinci : 1452
Michelangelo : 1475
Hokusai : 1760
Dali : 1904
Kandinsky : 1866
Matisse : 1869
Raphael : 1483
Picasso : 1881
Utrillo : 1883
van Gogh : 1853

-- inorder traversal --
Dali : 1904
Hokusai : 1760
Kandinsky : 1866
Matisse : 1869
Michelangelo : 1475
Picasso : 1881
Raphael : 1483
Utrillo : 1883
da Vinci : 1452
van Gogh : 1853

-- postorder traversal --
Dali : 1904
Matisse : 1869
Kandinsky : 1866
Hokusai : 1760
Picasso : 1881
Utrillo : 1883
Raphael : 1483
Michelangelo : 1475
van Gogh : 1853
da Vinci : 1452
```

8.5 二分木のバランス

　この節では，二分木のバランスについて紹介する．図8.8(a)は二分木を表している
が，各部分木には右の子しかなく，直観的に見てバランスがよいと感じない．それで
は，バランスのとれた二分木とは，具体的にはどのようなものであろうか．ここでは，
完全にバランスした二分木を次のように定義する．

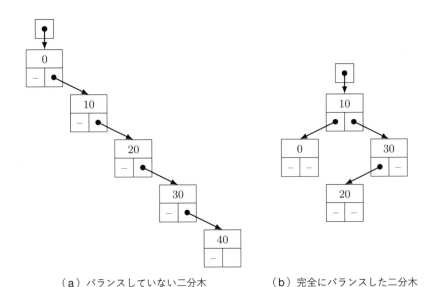

（a）バランスしていない二分木　　（b）完全にバランスした二分木

図 8.8　二分木のバランス

二分木のすべてのノードにおいて，その左部分木と右部分木でそれぞれのノードの数がたかだか 1 違うとき，この二分木を完全にバランスした二分木という．

　たとえば，図 (b) の二分木は，完全にバランスした二分木である．二分探索木が完全にバランスしていれば，1 回の比較で探索範囲を半分に絞ることができる．
　これから，与えられた二分探索木を，完全にバランスさせる方法を紹介する．そのために，まず，読み込んだ n 個のデータをもとに，完全にバランスした二分木を生成する関数 pbtree() を導入する．この関数で仮定する，二分木を表すデータ構造は次のとおりである．

```
typedef struct Node {
    int num;                    /* ノードの値 */
    struct Node *left, *right;  /* 左右の部分木 */
} node;
```

そして，pbtree() 本体は，次のように再帰呼び出しを用いて実現される．引数で与えられた n 個のノードをもつ完全にバランスした二分木を作るために，自分自身を除いた n － 1 個のノードを左右の部分木で半分ずつ生成するようになっている．

```
node* pbtree(int n) {
  int nleft, nright;                /* 左右それぞれの部分木のノード数 */
```

```
    int nleftplusright = n - 1;        /* 左右の部分木のノード数の総和 */
    node* p;
    if (n == 0) { return NULL; }       /* ノード数が 0 なら，木は作らない */
    nleft = nleftplusright / 2;        /* 半分 (切り捨て) は左部分木へ */
    nright = nleftplusright - nleft;   /* 残りは右部分木へ */
    p = (node*)malloc(sizeof(node));   /* ノードを作る */
    p->left = pbtree(nleft);           /* 左部分木を作る */
    scanf("%d", &p->num);              /* ノードにデータを読み込む */
    p->right = pbtree(nright);         /* 右部分木を作る */
    return p;                          /* できあがった木を返す */
}
```

この関数を用いて与えられた二分木をバランスさせるためには，次の手順を実行する．

1 　与えられた二分木の大きさ（ノードの数）を調べる．
2 　二分木を通りがけ順でトラバーサルを行い，データをファイルに出力する．
3 　pbtree() 関数を用いて，ファイルからデータを読み出しながら完全にバラ
   ンスした二分木を作る．

とくに，二分探索木を通りがけ順でトラバーサルを行うと，昇順にデータを参照す
ることになり，逆に昇順のデータを pbtree() 関数に与えると，二分探索木ができる
ことに注意する．

たとえば，次のデータを用意して，pbtree(10) を実行することで，図 8.9 の二分木
を得ることができる．この木は完全にバランスした二分木になっており，二分探索木
にもなっている．

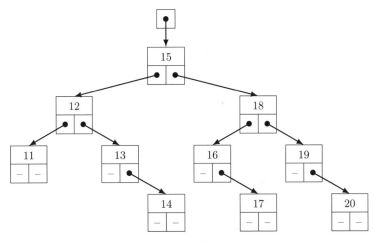

図 8.9　pbtree() の実行例

まとめ

　本章では，グラフの一種である木構造を導入した．とくに，ある値がリストに存在するか否か，存在すればどこに存在するかという問いに素早く答えるためのデータ構造が二分探索木である．二分探索木は左右のバランスが重要であり，探索の効率にも影響する．

章末問題

(1) 以下の二分探索木に関して，次の問いに答えよ．

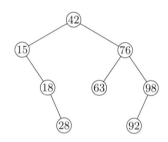

    (a) データ 63 を探索する際に走査するノードを答えよ.

        例）18：42 → 15 → 18

    (b) 行きがけ順，帰りがけ順にトラバーサルした結果をそれぞれ答えよ.

        例）通りがけ順：15, 18, 28, 42, 63, 76, 92, 98

    (c) データ 30 を追加したとき，生成される二分探索木を図示せよ.

(2) 下記 6 個の数値に対して，8.5 節で示した `pbtree()` 関数を実行したときに得られる，完全にバランスした二分木を図示せよ．数値は左から順番にキーボードから入力されるものとする．

$$2, 9, 11, 28, 31, 45$$

第9章

線形連結リスト

　単純な配列を使用した場合，リストの途中で新たな要素の追加や要素の削除を行うことは容易ではない．データの追加や削除が頻繁にある場合，線形連結リスト（linked list）を用いると便利である．

9.1　基本的な考え方

　n 個の要素をもつ配列 a にデータを格納する．データは追加や削除が頻繁に行われるものと仮定しよう．例として，5 個の要素をもつ配列 a を考える．この配列に，データ A，C，D，E が順番に格納されている．これを次に示す．

a[0]	a[1]	a[2]	a[3]	a[4]
A	C	D	E	

　この配列にデータを追加する．データ A と C の間に B を挿入するときの，具体的な処理を考えてみよう．まず，データ E を a[3] から a[4] に移動する*1 必要がある．次に，データ D を a[2] から a[3] に移動し，同様にデータ C を a[1] から a[2] に移動する．最後に，a[1] にデータ B を格納することで，挿入処理が完了する．挿入後の配列を次に示す．

a[0]	a[1]	a[2]	a[3]	a[4]
A	B	C	D	E

　よって，この挿入処理に要する時間計算量は $O(n)$ になる．すなわち，データ数に依存して，処理量が（線形に）増加することになる．当然，任意のデータを削除するのに要する時間計算量も同一である．

　これに対して，データの挿入や削除を容易に行うため，各データがポインタ（矢印）でつながったデータ構造を利用する．例として，4 個のデータが矢印でつながったものを考える．これを図 9.1(a) に示す．この図は，データ A を先頭に，その次（すぐ後

---

*1　上書きされるのでコピーでもよい.

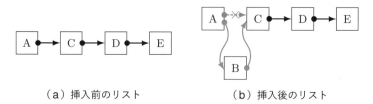

（a）挿入前のリスト　　　　　　　（b）挿入後のリスト

図 9.1　データの挿入

ろ）にデータ C が続き，以下，同様に，データ D，E がこの順番で格納されていることを表している．

さて，このデータ構造において，先ほどと同様に，データ A と C の間に B を挿入するときの，具体的な処理を考えてみよう．まず，適当な場所にデータ B を格納する．次に，データ B の次にデータ C が続くように矢印を張り替える．最後に，データ A の次にデータ B が続くように矢印を張り替える．挿入後の状態を図 (b) に示す．

このようにしてデータ B を挿入することが可能である．このとき，データ B の物理的な場所（絶対的な位置）は問題とはならず，矢印で示される，データのつながりが重要であることに注意する．

この挿入処理に要する時間計算量は $O(1)$ になる．当然，任意のデータを削除するのに要する時間計算量も同一である．すなわち，このデータ構造において，任意のデータの挿入，削除に要する時間は，データ数によらず一定であることになる．

それでは，データの参照についてはどうだろうか．配列では，参照に要する時間計算量は $O(1)$ である．これに対して，矢印でつながったデータ構造では，任意のデータを参照するためには，先頭のデータから順番にアクセスする必要がある[*2]．そのため，これに要する時間計算量は $O(n)$ となる．

このように，データアクセスにおいては配列より不利だが，リストの途中でのデータの追加，削除を容易に行えるデータ構造が線形連結リストである．

問 9.1　　次の 11 個のデータが，配列および線形連結リストにそれぞれ格納されているものとする．

$$1, 6, 10, 15, 21, 39, 44, 52, 71, 89, 93$$

(1) 配列において，データ 6 と 10 の間に 9 を挿入するときの時間計算量と具体的な処理手数を，それぞれ答えよ．

(2) 線形連結リストにおいて，同様に，データ 6 と 10 の間に 9 を挿入するときの時間計算量と具体的な処理手数を，それぞれ答えよ．

(3) (1) と (2) の結果を比較考察せよ．

[*2]　これを線形探索とよぶ．詳しくは第 11 章で扱う．

解答例

(1) 時間計算量 $O(n)$，処理手数 10（データの移動 9 回＋追加 1 回）

(2) 時間計算量 $O(1)$，処理手数 3（データの追加 1 回＋ポインタの張り替え 2 回）

(3) 配列においては，データの追加，削除の際に，データ数に依存して処理量が増加することになる．これに対して，線形連結リストにおいては，データ数に依存することなく，つねに一定の手数で処理が完了する．

9.2 セル

　線形連結リストとは，各要素をポインタによってつなぎ合わせたリストである．これは，**セル**（cell）を連結することにより実現される．このセルを図 9.2 に示す．図に示されるとおり，このセルはデータ（値）と次の要素を示すポインタの対から構成されている．このセルを連結した線形連結リストを図 9.3 に示す．このとき，先頭の要素へのポインタを head に格納しておく．また，最後のセルのポインタが指し示す先はないので，NULL とする．

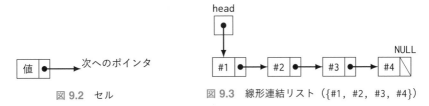

図 9.2　セル　　　　図 9.3　線形連結リスト（{#1, #2, #3, #4}）

　個々のセルは，（C 言語では）構造体を用いて実現することができる．たとえば，整数を格納するためのセルは，次のように記述することができる．

```
struct cell {        /* セル */
  int value;         /* セルの値 */
  struct cell *next; /* 次のセルへのポインタ */
};
```

　このように複数のセルからなる線形連結リストでは，要素の並べ替えや新規セルの挿入，不必要なセルの削除などのリスト操作を，ポインタ操作のみで簡単に実現することができる．

9.3 セルの挿入

　たとえば，線形連結リストへ新たな要素を挿入する場合には，挿入する位置を示すポインタへのポインタと，新たなセルに格納する値を引数とする insert_cell(struct cell

**pointer, int new_value) 関数の中で, 次の手続きにより実現することができる. これを図 9.4 に示す. ただし, このとき, 挿入する位置を示すポインタの値も関数の中で変更するため, ポインタへのポインタを関数に渡す必要があることに注意する.

---

① まず, 新たなセルを用意 (メモリ領域を確保し, セルの値を定義) する.

```
new_cell = (struct cell *)malloc(sizeof(struct cell));
new_cell->value = new_value;
```

② 新たなセルのポインタに, 前のセル (新たなセルを示すことになるセル) の
ポインタの値をコピーする.

```
new_cell->next = *pointer;
```

③ 前のセルのポインタの値を新たなセルに変更する.

```
*pointer = new_cell;
```

このように定義された関数を利用することにより, たとえば, 標準入力から入力された値をリストの先頭から順番に追加する場合, 次のようにプログラムを記述することができる.

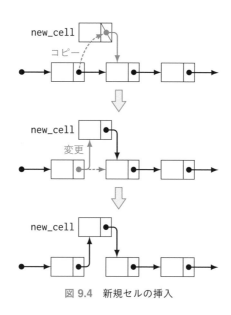

図 9.4　新規セルの挿入

```
struct cell *head = NULL, **p;
       :
p = &head;
while (scanf("%d", &data) != EOF) {
  insert_cell(p, data);  /* p の位置に data を挿入する */
  p = &((*p)->next);     /* p を後ろにずらす */
}
```

9.4 セルの削除

また，必要なくなったセルの削除は，削除する位置を示すポインタへのポインタを引数とする delete_cell(struct cell **pointer) 関数の中で，次のような手続きにより実現することができる．これを図 9.5 に示す．ただし，ここでも，セルを削除したあとに，削除する位置を示すポインタの値を関数の中で変更する必要があるため，ポインタへのポインタを関数に渡す必要があることに注意する．

■ 削除したいセルへのポインタを求めたあとに，前のセル（削除するセルを指し示しているセル）のポインタの値を削除したいセルの次のセルを示すように変更する．

```
target = *pointer;
*pointer = target->next;
```

② 削除したいセルを削除（メモリ領域の開放）する．

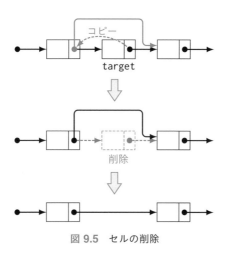

図 9.5 セルの削除

```
      free((void *)target);
```

このように定義された関数を利用することにより、たとえば、リストの中から要素の値が 0 であるセルを削除する場合、次のようにプログラムを記述することができる．

```
struct cell *head = NULL, **p;
         :
p = &head;
while (*p != NULL) {
  if ((*p)->value == 0)
    delete_cell(p);      /* p のセルを削除する */
  else
    p = &((*p)->next);   /* p を後ろにずらす */
}
```

問 9.2　　整数値を扱うための線形連結リストにおいて、セルの挿入、削除を行う関数を定義せよ．また、これを利用して標準入力から入力されたデータが小さい順に並ぶようにリストにセルを挿入し、完成したリストの内容を標準出力に出力せよ．さらに、そのリストから偶数を取り除き、同様に出力せよ．ただし、リストから削除したセルのメモリ領域は解放すること．実行結果として、次のデータを入力したときの結果を示せ．

```
4 1 7 9 0 6 3 5 8 2
```

解答例　　（省略）

問 9.3　　リストから任意のセルを削除する．

(1) 以下の関数を実行した結果を確認せよ．

```
void delete_cell(struct cell **pointer)
{
  struct cell *target;

  target = *pointer;
  *pointer = target->next;
  free(target);
}
```

(2) 同様に以下の関数を実行した結果を確認せよ．また、この場合の問題点を考察せよ．

```
void delete_cell(struct cell **pointer) {
    *pointer = pointer->next;
}
```

解答例

(1) **pointer で示される任意のセルが正しく削除される.

(2) 任意のセルを除いたリストが（表面的には）正しく生成される．ただし，削除したセルは，領域が開放されていない．そのため，データとしては残っている状態であるにもかかわらず，リストにおいてはアクセスすることが一切不可能な状態となっており，この領域が無駄になる．

まとめ

本章では，線形連結リストについて述べた．単純な配列を使用した場合，各データには，絶対的な位置が割り当てられている．そのため，リストの途中での要素の追加や削除を行うには，この位置を移動させる必要があり，手間を要する．これに対して，線形連結リストにおいては，各データに絶対的な位置は必要なく，相対的な位置情報のみを保持している．よって，要素の追加や削除を行う際には，ポインタ（矢印）により示される相対的な位置情報を変更するだけでよい．これにより，要素の追加や削除を高速に行うことを可能としている．

章末問題

以下のデータを順番に読み込み，昇順に並ぶように線形連結リストに格納する．

$$84, 95, 78, 27, 56$$

データ 27 までを追加したあとのメモリの状態を以下に示す．

address	value	next
(head)		0x1070
0x1010	84	0x1030
0x1030	95	NULL
0x1050	78	0x1010
0x1070	27	0x1050

ここで，(head) は，next で示されたアドレスから線形連結リストが始まることを意味している．上記にならい，以下の問いに答えよ．

(1) データを追加する際には，以下の関数が実行される．

```
void insert_cell(struct cell **pointer, int new_value)
{
  struct cell *new_cell;
  new_cell = (struct cell *)malloc(sizeof(struct cell));
  new_cell->value = new_value;
```

```
    new_cell->next = *pointer; ①
    *pointer = new_cell; ②
}
```

データ 56 を追加する際における，上記 ①，② の各処理実行直後に対応するメモリの状態の表を以下に記す．next に当てはまるアドレスをすべて答えよ．

①

address	value	next
(head)		0x1070
0x1010	84	
0x1030	95	
0x1050	78	
0x1070	27	
0x1090	56	

②

address	value	next
(head)		0x1070
0x1010	84	
0x1030	95	
0x1050	78	
0x1070	27	
0x1090	56	

(2) データを削除する際には，以下の関数が実行される．

```
void delete_cell(struct cell **pointer)
{
  struct cell *target;
  target = *pointer;
  *pointer = target->next;
  free(target);
}
```

(1) の結果に対して，データ 78 を削除したあとにおけるメモリの状態の表を以下に記す．next に当てはまるアドレスをすべて答えよ．

address	value	next
(head)		0x1070
0x1010	84	
0x1030	95	
0x1050	—	—
0x1070	27	
0x1090	56	

第 **10** 章

循環・重連結リスト

　線形連結リストは，一方向，単方向のシンプルなものであった．これに対して，本章では，一方向ではなく循環しており，かつ，双方向に連結している循環・重連結リストについて述べる．

10.1 循環・重連結リスト

　循環・重連結リストとは，**循環リスト**（circular list）と**重連結リスト**（doubly linked list）を組み合わせたものである．これにより，リスト上のいかなるノードにおいても，その前後のノードへのアクセスが可能となる．

● 循環リスト

　循環リストを図 10.1(a) に示す．線形連結リストは，基本的に，一方向のリストであった．これに対して，循環リストは，末尾のノードが先頭ノードに連結している．

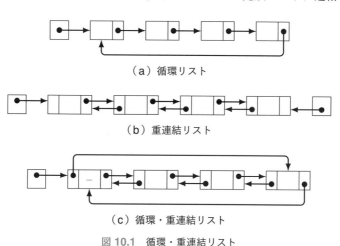

（a）循環リスト

（b）重連結リスト

（c）循環・重連結リスト

図 10.1　循環・重連結リスト

● 重連結リスト

　重連結リストを図 (b) に示す．重連結リストにおいては，先頭と末尾を除くすべてのノードが，その前後のノードと連結している．

● 循環・重連結リスト

　循環リストと重連結リストを組み合わせたものが循環・重連結リストであり，これを図 (c) に示す．この図からわかるように，先頭と末尾を含むすべてのノードにおいて，その前後のノードへのアクセスが可能となっている．なお，先頭ノードの値として "–" が記されているが，これは，このノードが空であり，実際には値が入らないことを意味している．

　なお，線形連結リストと同様に，データの追加，挿入，削除にかかる時間計算量はいずれも $O(1)$ であり，データの参照にかかる時間計算量は $O(n)$ となる．

10.2 　リストの生成

　それでは，実際に，循環・重連結リストが生成される過程を見ていこう．ノードは以下のように定義される．

```
typedef struct Node {
    int num;
    struct Node *left, *right;
} node;

node *start;

node *setup_cdl_list(void)
{
    node *p = (node *) malloc(sizeof(node));  /* ノードp にメモリ領域を確保 */

    if (p != NULL) {
        p->right = p->left = p;  /* 自分自身を指すようにポインタを設定 */
    }
    return p;
}
```

　コード start=setup_cdl_list() を実行すると，空の循環・重連結リストが生成される．これを図 10.2 に示す．ノードの値は "–"（空）であり，それぞれのポインタは自分自身を指している．

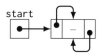

図 10.2　空の循環・重連結リスト

10.3　データの追加

これにデータ x を追加するには，以下の関数 insert_cdl_list を実行する．

```
int insert_cdl_list(int x)
{
    node *q, *p = (node*)malloc(sizeof(node));
    if (p == NULL)
        return 0;
    p->num = x;
①  q = start->left;
②  start->left = p;
③  p->right = start;
④  q->right = p;
⑤  p->left = q;
    return 1;
}
```

関数 insert_cdl_list における ① の処理の直前の状態を図 10.3(a) に示す．

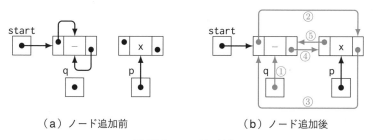

（a）ノード追加前　　　　　　　　（b）ノード追加後

図 10.3　ノードの追加

　この状態に対して，① ～ ⑤ の処理を順番に実行する．① の処理において，q に start->left を代入している．すなわち，ポインタ q の値が start->left の値と同じになり，q の矢印が start->left の矢印と同じノードを指すことを意味している．次に，② の処理により，start->left の指し示す先がポインタ p と同じノードに変更されている．以下同様に，③ ～ ⑤ の処理により，各ポインタの値が変更され，矢印が張り替えられている．これらを実行した直後の結果を図 (b) に示す．図 (b) と関数 insert_cdl_list における ① ～ ⑤ は，それぞれ対応している．このように，関数 insert_cdl_list を実行するごとに末尾にデータを追加することができる．

(1) 以下の関数を実行し，結果を確認せよ．

```
int insert_cdl_list(int x)
{
    node *q = (node*)malloc(sizeof(node));
    if (q == NULL)
        return 0;
    q -> num = x;
    q = start -> left;
    q -> right = p;
    p -> left = q;
    p -> right = start;
    start -> left = p;
    return 1;
}
```

(2) 同様に，以下の関数を実行し，結果を確認せよ．

```
int insert_cdl_list(int x)
{
    node *q = (node*)malloc(sizeof(node));
    if (q == NULL)
        return 0;
    q -> num = x;
    start -> left = p;
    q = start -> left;
    p -> right = start;
    q -> right = p;
    p -> left = q;
    return 1;
}
```

(3) (1) と (2) の結果を比較考察せよ．

解答例

(1) 循環・重連結リスト（の最後尾）にデータが正しく追加される．

(2) データが正しく追加されない，すなわち，誤った循環・重連結リストが生成される．

(3) 各関数内で行っている処理は基本的にポインタの張り替えのみであり，それぞれの処理も同一である．しかしながら，その処理の順番が関数間で異なっている．よって，循環・重連結リストにおいて，ポインタの張り替え処理の順番が重要であることがわかる．

10.4 データの挿入

次にデータを任意の場所に挿入する場合を考える．ポインタ p で指し示される任意のノードの左側（直前）にデータ x を挿入する．これには，以下の関数 insert_left

を実行する.

```
int insert_left(node *p, int x)
{
    node *q = (node*)malloc(sizeof(node));
    if (q == NULL)
        return 0;
    q->num = x;
 ⑥  q->left = p->left;
 ⑦  q->right = p;
 ⑧  p->left->right = q;
 ⑨  p->left = q;
    return 1;
}
```

関数 insert_left における ⑥ の処理の直前の状態を図 10.4(a) に示す.

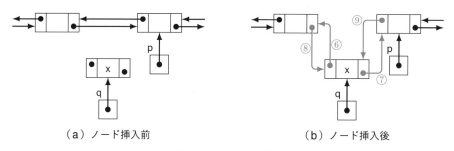

（a）ノード挿入前　　　　　　　　　　（b）ノード挿入後

図 10.4　ノードの挿入

　この状態に対して，⑥〜⑨の処理を順番に実行する．⑥の処理において，q->left
に p->left を代入している．すなわち，ポインタ q->left の値が p->left の値と同
じになり，q->left の矢印が p->left の矢印と同じノードを指すことを意味してい
る．次に，⑦の処理により，q->right の指し示す先が，ポインタ p と同じノードに
変更されている．以下同様に，⑧，⑨の処理により，各ポインタの値が変更され，
矢印が張り替えられている．これらを実行した直後の結果を図 (b) に示す．図 (b) と
関数 insert_left における ⑥〜⑨ は，それぞれ対応している．このように，関数
insert_left により，任意の場所にデータを挿入することが可能である.

問 10.2

(1) 以下の関数を実行し，結果を確認せよ.

```
int insert_left(node *p, int x)
{
    node *q = (node*)malloc(sizeof(node));
    if (q == NULL)
        return 0;
```

```
        q->num = x;
        p -> left -> right = q;
        p -> left = q;
        q -> left = p -> left;
        q -> right = p;
        return 1;
    }
```

(2) 同様に，以下の関数を実行し，結果を確認せよ．

```
    int insert_left(node *p, int x)
    {
        node *q = (node*)malloc(sizeof(node));
        if (q == NULL)
            return 0;
        q->num = x;
        q -> left = p -> left;
        p -> left -> right = q;
        q -> right = p;
        p -> left = q;
        return 1;
    }
```

(3) (1) と (2) それぞれの動作を確認し，比較考察せよ．

解答例

(1) データが正しく挿入されない，すなわち，誤った循環・重連結リストが生成される．

(2) ポインタ p で指し示される任意のノードの左側（直前）にデータが正しく挿入される．

(3) 問 10.1 と同様に，ポインタの張り替え処理の順番が重要であることがわかる．

10.5 データの削除

最後に，データを削除する場合を考える．ポインタ p で指し示されるノードを削除する．これには，以下の関数 nodedelete を実行する．

```
void nodedelete(node *p)
{
 Ⓐ p->left->right = p->right;
 Ⓑ p->right->left = p->left;
    free(p);
}
```

関数 nodedelete により，（ポインタ p で指し示される）ノードを削除した結果を図 10.5 に示す．

同様に，図 10.5 と関数 nodedelete における Ⓐ，Ⓑ はそれぞれ対応しており，この順番に処理を実行した結果を表している．Ⓐ，Ⓑ の処理により，リスト上におい

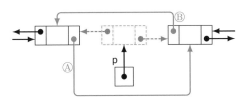

図 10.5　ノードの削除

てはデータの削除に成功しているが，最後の free(p); により，実際のデータの削除（領域の開放）を行っている．このように，関数 nodedeletet により，任意のデータを削除することが可能である．

まとめ

　循環・重連結リストにおいては，ポインタ（矢印）の張り替え操作により，任意の場所へのデータの追加，挿入，削除を実現している．この追加，挿入，削除の処理に要する計算量はいずれも $O(1)$ である．
　一方で，任意のデータへのアクセスは線形連結リストと同程度となり，その計算量は $O(n)$ である．しかしながら，線形連結リストとは異なり，必ずしも先頭からアクセスする必要はなく，任意の場所から必要に応じて両方向へのアクセスが可能な分，その効率は改善されている．

章末問題

循環・重連結リストについて，下記ソースコードにおける各関数を実行する．このとき，以下の問いに答えよ．

```
typedef struct Node {
    int num;
    struct Node *left, *right;
} node;

int insert_cdl_list(int x) {
    node *q, *p =
      (node *)malloc(sizeof(node));
    if(p == NULL)
        return 0;
    p -> num = x;

    ┌─────────────────────────────┐
    │              ①              │
    └─────────────────────────────┘

    return 1;
}
```

```
int insert_left(node *p, int x) {
    node *q =
      (node *)malloc(sizeof(node));
    if(q == NULL)
        return 0;
    q -> num = x;
    ┌──────────────────────────────┐
    │              ②              │
    └──────────────────────────────┘
    return 1;
}
```

(1) 図10.6に示す循環・重連結リストに対して，上記ソースコードにおける insert_cdl_list
関数を insert_cdl_list(12) として実行した．その途中， ① の処理を終えた
段階で，図10.7に示す循環・重連結リストを得ることができた．このとき， ①
に入るソースコードとして正しいものを（ア）～（カ）から すべて選び，答えよ．

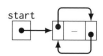

図 10.6 空のリスト

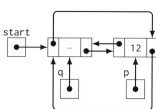

図 10.7 データの追加

```
start -> left = p;
q = start -> left;
p -> right = start;
q -> right = p;
p -> left = q;
```
（ア）

```
q = start -> left;
q -> right = p;
p -> left = q;
p -> right = start;
start -> left = p;
```
（イ）

```
p -> left = q;
q = start -> left;
p -> right = start;
q -> right = p;
start -> left = p;
```
（ウ）

```
p -> right = start;
p -> left = q;
q -> right = p;
q = start -> left;
start -> left = p;
```
（エ）

```
p -> right = start;
start -> left = p;
p -> left = q;
q -> right = p;
q = start -> left;
```
（オ）

```
p -> right = start;
q = start -> left;
start -> left = p;
q -> right = p;
p -> left = q;
```
（カ）

(2) (1) で得られた循環・重連結リストに対して，上記ソースコードにおける insert_left
関数を insert_left(r,10) として実行した．ここで，r はデータ 12 が格納されてい
るノードの先頭アドレスを表している．その途中，⬚ ② ⬚ の処理を終えた段階で，
図 10.8 に示す循環・重連結リストを得ることができた．このとき，⬚ ② ⬚ に入る
ソースコードとして正しいものを（ア）～（カ）から すべて選び，答えよ．

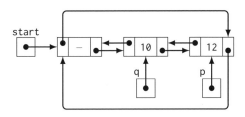

図 10.8 データの挿入

```
p -> left -> right = q;
p -> left = q;
q -> left = p -> left;
q -> right = p;
```
（ア）

```
p -> left = q;
q -> right = p;
p -> left -> right = q;
q -> left = p -> left;
```
（イ）

```
q -> left = p -> left;
p -> left -> right = q;
q -> right = p;
p -> left = q;
```
（ウ）

```
p -> left = q;
p -> left -> right = q;
q -> right = p;
q -> left = p -> left;
```
（エ）

```
q -> right = p;
p -> left -> right = q;
q -> left = p -> left;
p -> left = q;
```
（オ）

```
q -> right = p;
q -> left = p -> left;
p -> left = q;
p -> left -> right = q;
```
（カ）

第 11 章

線形探索，二分探索

　本章では，与えられたデータ x と集合 A に対して x が A の要素か否かを判定する
アルゴリズムとして，線形探索（linear search）と二分探索（binary search）につ
いて解説する．ここでは整数の集合を扱い，集合を配列で表す．また，配列の要素の
値はすべて異なると仮定する．要素が集合に含まれるか否かだけでなく，含まれる場
合には，何番目の要素と等しいかも答えることとする．

11.1　線形探索

　線形探索とは，与えられた大きさ n の配列 a（a[0], ..., a[n - 1]）と与えられ
たデータ x に対して，x = a[k] となる k が存在するならば k と答え，そうでなけれ
ば n と答えるアルゴリズムである．a[0] から順に a[n - 1] まで x と等しいか調べ，
等しくなったとき，その要素番号を答えて終了する．このアルゴリズムは，次のよう
に書くことができる．

> **1**　i = 0〜n - 1 に対して，次の**2**を繰り返す．
> **2**　a[i] = x ならば，i を出力して終了する．
> **3**　n を出力する．

図 11.1 のような線形探索の実装例として，n = 8, x = 23 では次のようになる．

```
/* linear_search.c: 線形探索 (linear search) */
#include <stdio.h>
```

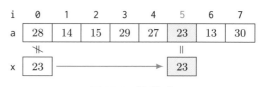

図 **11.1**　線形探索

```
#define n 8   /* 配列の要素数 */

/* 配列データ */
static int a[n] = {28, 14, 15, 29, 27, 23, 13, 30};

int main()
{
  int i; /* 制御変数 */
  int x = 23; /* 探索するデータ */

  i = 0;
  while( i < n && x != a[i] ) i++;

  printf("%3d\n", i);
}
```

このプログラムの実行結果は，次のようになる．

```
$ cc -o linear_search linear_search.c
$ ./linear_search
  5
```

なお，線形探索の計算量は $O(n)$ である．

11.2　二分探索

　配列がソートされていれば，さらに効率的に探索することができる．本節では，前節の仮定に加えて，配列 a の要素は昇順に並んでいるとする．すなわち，

$$a[0] < a[1] < \cdots < a[n - 1]$$

とする．そして，二分探索は，探索範囲を a[0]〜a[n - 1] から始め，半分，半分，半分，…と絞り込む探索法で，アルゴリズムは次のようになる．

> **1** 探索する値が配列の数値の範囲外でないか確認する（実装例の前処理を参照）．
> **2** left = 0, right = n - 1 とする（探索範囲を a[0]〜a[n - 1] とする）．
> **3** right − left > 1 となる間，**4**，**5** を繰り返す．
> **4** middle = (left + right) / 2（切り捨て）とする．
> **5** x ≤ a[middle] ならば right = middle とし，そうでなければ left = middle とする．
> **6** right の値を出力する．

　二分探索における探索の様子は，図 11.2 のようになる．

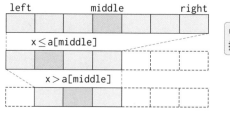

左側から left、middle、right

中央の値と比較して
探索範囲を絞り込む

$x \leq a[\text{middle}]$

$x > a[\text{middle}]$

図 11.2　二分探索

このアルゴリズムは，入力に対して，次のような i を出力する.

$$i = \begin{cases} 0 & x \leq a[0] \\ n & x > a[n-1] \\ j & a[j-1] < x \leq a[j] \ (1 \leq j \leq n-1) \end{cases}$$

なお，このアルゴリズムが値 i を返しても，必ずしも探索に成功したとは限らない
ことに注意する.$i = n$ のときには探索に失敗しており，そうでないときにも，x =
a[i] とならなければ探索に失敗している.

　二分探索の実装例は，次のプログラム binary_search.c のようになる.

```c
/* binary_search.c: 二分探索 (binary search) */
#include <stdio.h>

#define n 8   /* 配列の要素数 */

/* 配列データ */
static int a[n] = {10, 14, 19, 23, 27, 31, 34, 38};

int main()
{
  int x;

  printf("x = ");
  scanf("%d", &x);   /* 探索する値の入力 */
  printf("%3d\n", binsearch(x));   /* 二分探索の結果を表示 */
}

int binsearch(int x)
{
  int left, right, middle;

  if (x <= a[0]) return 0;   /* 前処理 */
  if (a[n - 1] < x) return n;

  left = 0;
  right = n - 1;
```

```
  while ((right - left) > 1) {
    middle = (right + left) / 2;
    if (x <= a[middle]) {
      right = middle;
    } else {
      left = middle;
    }
  }
  return right;
}
```

また，このプログラムの実行例は，次のようになる．なお，x = 16 のときは，探索
に失敗していることに注意する．

```
$ cc -o binary_search binary_search.c
$ ./binary_search
x = 23
  3
$ ./binary_search
x = 16
  2
```

問 11.1　上の実行例で，x = 23 と x = 16 を入力したとき，それぞれ left, right,
middle の値の遷移を調べよ．

解答例　left, right, middle をそれぞれ l, r, m と略記すると，値の遷移は以下のように
表すことができる．x = 23 のときは (a)，x = 16 のときは (b) のようになる．

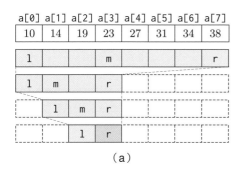

(a)   (b)

この二分探索アルゴリズムの計算量について考察する．アルゴリズムの 4 , 5 を k
回繰り返すと，探索範囲の広さは $\left(\dfrac{1}{2}\right)^{k} n$ に狭められ，探索範囲が 1 以下になるまで
続けるので，

$$\left(\frac{1}{2}\right)^{k} n \leq 1$$

となる最小の k が繰り返しの回数となる．これより，

$$n \leq 2^k, \qquad \log_2 n \leq k$$

となるので，二分探索の計算量は $O(\log n)$ と見積もることができる．これは，たしかに線形探索の $O(n)$ より少ない．

まとめ

　本章では，リスト（集合）にある値が存在するか否か，存在すればどこに存在するかを問う探索の解法である，線形探索と二分探索について解説した．線形探索は，名前のとおり，探索にリストの大きさに比例する時間がかかり，二分探索はリストの大きさの対数に比例する時間で探索を完了する．

章末問題

　昇順にソートされている以下の9件の整数データが配列 a[] に格納されており，これから任意のデータを二分探索により検索することを考える．

$$\text{a[]}: \quad 15 \quad 20 \quad 33 \quad 41 \quad 59 \quad 68 \quad 72 \quad 75 \quad 90$$

二分探索は，以下に示す関数 binsearch() により実現されるものとする．

```
int binsearch(int x, int *a, int n)
{
    int m, l=0, r=n-1;

    if (x<=a[l]) return 0;
    if (x>a[r]) return n;
    while (r-l>1) {
        m=(r+l)/2;
        if (x<=a[m]) r=m;
        else l=m;
    }
    return r;
}
```

　この関数は，検索対象となるデータ x，配列 a[]，その要素数 n=9 を引数として呼び出される．よって，たとえば 75 を引数 x として与えた場合，変数 r の値は $8 \to 7$ と変化し，最終的に返される値（戻り値）は 7 となる．
　同様に，以下の値を引数 x として与えたとき，変数 r の値の変化と戻り値をそれぞれ答えよ．
(1) 20 　　　(2) 69 　　　(3) 100

第 **12** 章

ハッシュ法

本章では，互いに異なるキーを含んでいるデータ群を対象として，これを効率よく格納し，参照する方法の一つであるハッシュ法（hashing）について述べる．

対象データはレコードであり，レコードは互いに異なるキーを含んでいる．このキーを適当な範囲の整数に変換し，その場所に対して，データを格納，参照することにより効率的な処理を実現している．

12.1 基本的な考え方

キーの値が配列の位置に直接対応している場合を考える．すなわち，キー i が 0 以上の整数なら，これを a[i] に格納する，ということである．これにより，キー j を格納したければ a[j] に格納すればよく，また，配列 a に格納されているデータ k を参照したければ a[k] を参照すればよいことになる．よって，この格納と参照にかかる計算量はともに $O(1)$ となり，非常に効率がよいことがわかる．

しかしながら，実際のデータは，これほど都合がよいものではない．キーの値が整数だとしても，この値が配列の大きさよりも大きい場合には対応できない．これに対応するために，大きな配列を用意することも可能ではあるが，この場合，データが"疎"となるため，記憶領域に無駄が生じる．また，そもそも，キーの値が整数だとは限らない．

これを解消する一つの方法が，キーを適当な整数に変換して配列の位置を割り当てるハッシュ法である．キーが配列よりも大きな値であっても，あるいは，文字など，整数以外の場合であっても，対応が可能である．

12.2 ハッシュ法

● アルゴリズム

ハッシュ法においてデータを格納する際のアルゴリズムを以下に記す（図 12.1）．

1 データを格納する配列の要素数 n を設定する.
2 キー k に対して，ハッシュ関数 H を適用し，値 i を算出する（$H(k) = i$）.
3 キー k を a[i] に格納する.

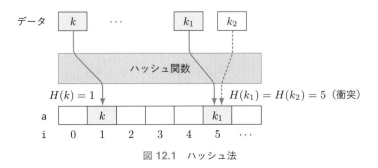

図 12.1 ハッシュ法

　ここで，ハッシュ関数（hashing function）により算出された値を一次インデックス値（primary index value）あるいはハッシュ値とよぶ．同様に，ハッシュ法において，データを参照する際のアルゴリズムを以下に記す.

1 キー k に対してハッシュ関数 H を適用し，値 i を算出する（$H(k) = i$）.
2 a[i] を参照する.

● 処理の流れ
　データを格納するため，要素数 $n = 5$ とし，配列 a[0]〜a[4] を用意する．ハッシュ関数として，$H(x) = x \bmod 10$ を設定する[*1]．データとして，以下の5個を順番に格納することを考える.

$$11, 3, 32, 4, 50$$

一番目のデータ 11 について，ハッシュ関数を適用すると，以下のようになる.

$$H(11) = 11 \bmod 10 = 1$$

よって，データ 11 は a[1] に格納されることになる．同様に，データ 3 については $H(3) = 3$ となるので，これは a[3] に格納される．このようにしてすべてを格納すると，配列は次のようになる.

---

*1 10 で割った余りを返す剰余関数である.

a[0]	a[1]	a[2]	a[3]	a[4]
50	11	32	3	4

これについてデータを参照する．データ 50 を取り出したい場合には，$H(50) = 0$ となるので，a[0] を参照すれば，たしかにデータ 50 を取り出すことができる．ほかのデータについても，同様である．このようにして，効率的にデータの格納や参照が可能である．

しかしながら，実際のデータはこんなに都合がよいものではない．別の例を考えてみよう．データとして，次の 6 個を順番に格納することを考える．

$$11, 3, 32, 4, 50, 34$$

このデータを格納するため，要素数 $n = 6$ とし，配列 a[0]～a[5] を用意する．ハッシュ関数は，先ほどと同様に $H(x) = x \bmod 10$ を用いる．これにより，順番にデータを格納していく．データ 50 までは問題なく格納可能である．次に，データ 34 を格納することを考える．$H(34) = 4$ となるので，a[4] にデータ 34 を格納することになる．しかしながら，ここにはすでに a[4]=4 が格納されており，データ 34 を格納することができない．

このような状態を**衝突**（collision）とよぶ．二つの異なるキー k_1，k_2 において $H(k_1) = H(k_2) = i$ となる状況である．ハッシュ法において，理想的には，キー k と一次インデックス値 i は 1 対 1 に対応していることが望まれる．しかしながら，これを実現するのは困難である[*2]．よって衝突は，ハッシュ法を実現するために，必ず解決しなければいけない問題である．

問 12.1　配列 a[0]～a[8] にデータをハッシュ法により格納する．
(1) 以下のデータを，この順番で格納するとき，次の問いに答えよ．

$$35, 21, 103, 96, 232, 36, 185$$

(a) 衝突が発生しないよう，適当なハッシュ関数を定めよ．
(b) (a) で定めたハッシュ関数により，データを格納した結果を答えよ．
(2) 以下のデータを (1) と同様のハッシュ関数により格納した結果を確認し，考察せよ．

$$29, 165, 333, 8, 97, 56, 11$$

解答例
(1) (a) $H(x) = x \bmod 9$ など
　　(b) 上記のハッシュ関数を用いた場合，以下のようになる．

[*2]　1 対 1 に対応するハッシュ関数を設定するのは，事実上，不可能である．

	a[0]	a[1]	a[2]	a[3]	a[4]	a[5]	a[6]	a[7]	a[8]
	36			21	103	185	96	232	35

(2) 上記のハッシュ関数を用いると以下のようになり，衝突を回避するのが難しいことがわかる[*3].

	a[0]	a[1]	a[2]	a[3]	a[4]	a[5]	a[6]	a[7]	a[8]
	333		29 (56) (11)	165				97	8

12.3 オープンアドレス法

　ハッシュ法における衝突への対応として，オープンアドレス法と連結法の二つが考えられる．連結法とは，連結リストによりキューを構成し，これにより衝突したデータを格納するものである．よって，あらかじめ用意した配列以外の記憶領域を必然的に使用することになる．そこで，ここでは，あらかじめ用意された配列にすべてのデータを格納するオープンアドレス法に注目する．

　オープンアドレス法においては，同じ場所にすでにデータが格納されているとき，配列上の別の場所にデータを格納して衝突を回避する．この空いている場所の探索方法によって，さまざまな方法が存在する（図 12.2）．

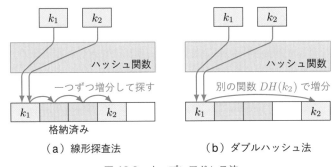

（a）線形探査法　　　（b）ダブルハッシュ法

図 12.2　オープンアドレス法

[*3]　がんばって考えれば，これらのデータでは衝突しないハッシュ関数が見つかるかもしれないが，このような作業は不毛であることを理解してほしい．

● 線形探査法

　線形探査法（linear probing）とは，衝突が発生した場合，すぐ次の要素番号の場所にデータを格納しようとする方法である（図 12.2(a)）[*4]．要素数 n に対して，要素番号 i の場所で衝突が発生していた場合，$i+1$ の場所にデータを格納しようとする．格納できるまで，増分を繰り返す．循環的に増分を繰り返すので，$i = n-1$ の場所が空いていない場合には，次に $i = 0$ として，格納場所の探索を継続する．

　次の 8 個のデータを順番に格納することを考える．

$$11, 3, 32, 4, 50, 34, 19, 39$$

このデータを格納するため，要素数 $n = 10$ とし，配列 a[0]〜a[9] を用意する．ハッシュ関数は，先ほどと同様に $H(x) = x \bmod 10$ を用いる．これにより，順番にデータを格納していく．データ 50 までは問題なく格納可能である．次に，データ 34 を格納することを考える．$H(34) = 4$ となるので，a[4] にデータ 34 を格納することになる．しかしながら，ここにはすでに a[4]=4 が格納されており，衝突が発生する．よって，線形探査法により，空いている場所を探索する．$i+1 = 5$ として a[5] を探索すると，空いていることがわかるので，a[5]=34 としてデータが格納される．次に，データ 19 を格納する．$H(19) = 9$ となるので，a[9]=19 としてデータが格納される．最後に，データ 39 を格納する．$H(39) = 9$ となるので，衝突が発生し，空いている場所を探索する．$9 = n-1$ であるため，次に a[0] を探索する．しかしながら，この場所は空いていないため，次の場所である a[1] が探索される．同様に空いていないため，探索が継続され，最終的に a[6]=39 としてデータが格納される．このようにしてすべてを格納すると，配列は次のようになる．

a[0]	a[1]	a[2]	a[3]	a[4]	a[5]	a[6]	a[7]	a[8]	a[9]
50	11	32	3	4	34	39			19

　データを取り出す際には，同様に，ハッシュ関数を利用し，データを参照する．データ 11 を取り出す際には，$H(11) = 1$ より，a[1] を参照して 11 を取り出すことができる．衝突していたデータ 34 を取り出す際には，$H(34) = 4$ より，まず，a[4] が参照される．しかしながら，a[4]=4 $\neq$ 34 であることがわかるので，線形探査法に従い，次の場所である a[5] を参照し，39 と一致することから，これを取り出すことができる．同様に，データ 39 を取り出す場合を考える．$H(39) = 9$ より a[9] を参照するが，39 ではないことがわかるので，次の場所である a[0] が参照される．しかしながら，a[0] も当該データではないことがわかるので，a[1] が参照される．これを繰り

[*4]　空いている場所を線形探査する，ということである．

返し，最終的には a[6] を参照し，データ 39 を取り出すことに成功する．

　このように，線形探査法は，非常に単純でわかりやすい方法である．しかしながら，データを線形に 1 ずつ増分して探索することから，データが連続している場合には[*5]，とくに，その格納や参照の効率が悪くなる．

● ダブルハッシュ法

　そこで，処理効率をよくするため，衝突が発生した場合に，その増分を 1 ではなく，別のハッシュ関数により求める方法が存在する．これを**ダブルハッシュ法**（double hashing）とよぶ．データが局所的に連続している場合でも，効率的な探索が可能となる（図 12.2(b)）．

　先ほどと同様に，以下の 8 個のデータを順番に格納することを考える．

$$11, 3, 32, 4, 50, 34, 19, 39$$

このデータを格納するため，要素数 $n = 11$ とし，配列 a[0]〜a[10] を用意する．ハッシュ関数も，先ほどと同様に $H(x) = x \bmod 10$ を用いる．衝突が発生した際に増分を計算する別のハッシュ関数として，$DH(x) = \left\lfloor \dfrac{x}{10} \right\rfloor + 1$ を用意する．これにより，順番にデータを格納していく．データ 50 までは衝突が発生しないので，問題なく格納が可能である．次に，データ 34 を格納することを考える．$H(34) = 4$ となり，衝突が発生する．よって，ダブルハッシュ法により，空いている場所を探索する．増分を計算すると，$DH(34) = 4$ となる．よって，$i = 4 + 4 = 8$ より a[8] が参照され，空いているので，ここに 34 が格納される．次に，データ 19 を格納する．$H(19) = 9$ より a[9] が参照され，空いているので，ここに 19 が格納される．最後に，データ 39 を格納する．$H(39) = 9$ となり，衝突が発生する．増分を計算すると $DH(39) = 4$ となるので，$i = 9 + 4$ より，循環的に増分を繰り返すので，a[2] が参照され，空いていないことがわかる．よって，さらに増分を繰り返し，$i = 2 + 4 = 6$ より a[6] が参照され，空いているので，ここに 39 が格納される．このようにしてすべてを格納すると，配列は次のようになる．

a[0]	a[1]	a[2]	a[3]	a[4]	a[5]	a[6]	a[7]	a[8]	a[9]	a[10]
50	11	32	3	4		39		34	19	

この配列からデータを取り出してみる．データ 39 を取り出す場合を考える．$H(39) = 9$ より a[9] を参照するが，39 ではないことがわかるので，別のハッシュ関数により増分を計算する．$DH(39) = 4$ より，$i = 9 + 4$ で，循環的に増分することから a[2] が参照

*5　データの局所性により，現実的によく起こりうる．

される．しかしながら，a[2] も当該データではないことがわかるので，$i = 2 + 4 = 6$ が参照され，データ 39 を取り出すことに成功する．

このようにして，ダブルハッシュ法においては，データが局所的に連続して格納されることを避けられる．そして，局所的に連続していたとしても，線形探査法に比べて，効率的なデータ参照が可能となる．

ダブルハッシュ法において，増分は別のハッシュ関数により算出し，これを循環的に足していく．よって，配列の大きさの設定次第では，値を増分した際に元の場所に戻る可能性があるので注意する*6．この場合，格納する領域が余っているにもかかわらず，永久に空いている場所にたどり着けない事態に陥る．これを避けるため，ダブルハッシュ法における配列の大きさには一般的に素数が用いられる*7．

問 12.2 以下の 7 個のデータをハッシュ法により格納する．

$$11, 3, 32, 4, 50, 16, 36$$

ハッシュ関数として，$H(x) = x \bmod 10$ を用いる．また，ダブルハッシュ法において，衝突が発生した際に増分を計算する別のハッシュ関数として，$DH(x) = \left\lfloor \dfrac{x}{10} \right\rfloor + 1$ を用いる．

(1) このデータを格納するため，要素数 $n = 11$ とし，配列 a[0]～a[10] を用意するとき，次の問いに答えよ．

    (a) 線形探査法でデータを格納した結果を答えよ．

    (b) ダブルハッシュ法でデータを格納した結果を答えよ．

(2) 同様に，このデータを格納するため，要素数 $n = 8$ とし，配列 a[0]～a[7] を用意するとき，次の問いに答えよ．

    (a) 線形探査法でデータを格納した結果を答えよ．

    (b) ダブルハッシュ法でデータを格納した結果を確認し，考察せよ．

解答例

(1) (a)

a[0]	a[1]	a[2]	a[3]	a[4]	a[5]	a[6]	a[7]	a[8]	a[9]	a[10]
50	11	32	3	4		16	36			

    (b)

a[0]	a[1]	a[2]	a[3]	a[4]	a[5]	a[6]	a[7]	a[8]	a[9]	a[10]
50	11	32	3	4		16				36

---

*6 元の場所に戻らないような関数を設定することも考えられるが，衝突しないハッシュ関数を設定できないのと同様に，これは現実的ではない．

*7 素数は 1 と自分自身でしか割り切れないという性質があるので，増分がいかなる値であっても約数とはならないことから，循環的に足し算しても，元の場所に戻らないことが保証される．

(2) (a)

a[0]	a[1]	a[2]	a[3]	a[4]	a[5]	a[6]	a[7]
50	11	32	3	4		16	36

(b) データ 16 までを格納した結果は，以下のようになる．

a[0]	a[1]	a[2]	a[3]	a[4]	a[5]	a[6]	a[7]
50	11	32	3	4		16	

次に，36 を格納しようとすると $H(36) = 6$ となり，衝突が発生する．よって，増分を計算すると $DH(36) = 4$ となることから，次に a[2] に格納しようとする．しかしながら，この場所も空いていないので，次に格納しようとする場所は a[6] となり，元の場所に戻ってしまう．このように，配列上に空いている場所があるにもかかわらず，データ 36 は永久に，その場所にたどり着くことができないことになる．これに対して，(1) のように配列の要素数を素数に設定すると，このような問題は起こりえないことがわかる．

まとめ

本章では，ハッシュ法について述べた．互いに異なるキーを含んでいるデータ群を対象とし，このキーを適当な範囲の整数に変換して配列の位置を割り当てることにより，効率のよいデータの格納，参照処理を実現している．これらの処理を行うために，基本的には，探索は行われていない．すなわち，ハッシュ法におけるデータの格納，参照は，適当な関数を適用し，その計算を行うことで実現されている．

章末問題

ハッシュ法により，文字列で表されるキーを，適当な大きさをもつ配列に格納する．キーは互いに重複しないものとする．3 文字以上で構成される文字列 s をキーとして，配列の要素数 n，ハッシュ関数 H，別のハッシュ関数 DH を以下のように定義する．

$$n = 1013, \qquad H(s) = 2 \times s[0] + 3 \times s[2], \qquad DH(s) = 5 \times s[1] + 2 \times strlen(s)$$

ここで，$s[0]$，$s[1]$，$s[2]$ は，それぞれ，文字列 s における 1 文字目，2 文字目，3 文字目の文字コードを表しており，$strlen(s)$ は文字列 s の長さ（文字数）を表している．なお，各文字コードは，10 進数で以下のようになっている．

A	65	H	72	O	79	V	86
B	66	I	73	P	80	W	87
C	67	J	74	Q	81	X	88
D	68	K	75	R	82	Y	89
E	69	L	76	S	83	Z	90
F	70	M	77	T	84		
G	71	N	78	U	85		

たとえば，キーとして文字列 "XYZ" が与えられたとき，その一次インデックス値と，仮にこれが衝突していた場合に，別のハッシュ関数により計算される増分は以下のとおりである．

$$H(\text{"XYZ"}) = 2 \times 88 + 3 \times 90 = 446, \qquad DH(\text{"XYZ"}) = 5 \times 89 + 2 \times 3 = 451$$

いま，配列において，以下の要素番号の場所には，互いに異なるキーがすでに格納済みである．

$$372\sim377, 380\sim382, 402\sim410, 712\sim715, 740\sim746, 813\sim816$$

ここでは，これを初期状態とよぶ．このとき，以下の問いに答えよ．

(1) 初期状態の配列から特定のキーを探索する．

    (a) 要素番号 409 の場所に，キー "MOTHER" が格納されている．これを線形探査法に従い探索する際に，走査することになる要素番号を順番にすべて答えよ．

    (b) 要素番号 743 の場所に，キー "PARENT" が格納されている．これをダブルハッシュ法に従い探索する際に，走査することになる要素番号を順番にすべて答えよ．

(2) 初期状態の配列において，それぞれの手法で，以下のキーを，この順番で格納する．

$$\text{"STEAK"}, \text{"HAMBURG"}, \text{"HUNGRY"}$$

    (a) 線形探査法に従うとき，格納される要素番号をそれぞれ答えよ．

    (b) ダブルハッシュ法に従うとき，格納される要素番号をそれぞれ答えよ．

　本章では，文字列照合（string matching）について解説する．まず，文字列照合問題（string matching problem）とは，与えられたテキスト T と単語 W に対して，T の中に W が現れるか否かを問う問題である．そして，文字列照合問題に対して，T の中に W が現れるときに yes，そうでないときに no と答えるアルゴリズムを文字列照合アルゴリズムという．とくに本章では， yes/no だけでなく，現れるときは，その出現位置も答えるアルゴリズムを考える．

　本書では C 言語を用いてアルゴリズムを実装することを前提としているので，文字列は文字（char 型）の配列で表し，文字列の長さは strlen() で表す．たとえば， S = "algorithm"のとき， S[0] = a， S[2] = g となり， strlen(S) = 9 となる．

13.1 文字の照合

　文字列照合問題を扱う前に，より簡単な，テキスト S 中に文字 x が出現するか否かを問う問題を扱う． n = strlen(S) とすると，文字の照合を行うアルゴリズムは，次のようになる．

---

1 i = 0〜n − 1まで，**2**を繰り返す．
2 S[i] = x ならば， i を出力して終了する．
3 n を出力する．

　たとえば， S = "algorithm"， x = h のとき， 図 13.1 のように，左から順に探索を行い， 7 を出力する．

　このアルゴリズムの実装例は，次の char_matching.c のとおりである．なお，プログラム中のコメント 1〜3 は，上のアルゴリズムの**1**〜**3**に対応している．

```
/* character_matching.c (文字照合アルゴリズム) */
#include <stdio.h>
#include <string.h>
```

図 13.1　文字の照合の例

```c
int char_matching(char *s, char x);

int main() {
  char s[] = "algorithm";
  char x;
  int ans;

  printf("x = ");
  scanf("%c", &x);

  ans = char_matching(s, x);
  printf("%d\n", ans);

  return 0;
}

int char_matching(char *s, char x) {
  int i, len;

  len = strlen(s);
  for(i = 0; i < len; i++) {   /* 1 */
    if(s[i] == x) return i;    /* 2 */
  }
  /* for ループを抜けたとき i = len となっている */
  return i;                    /* 3 */
}
```

プログラムの実行例を以下にあげる.

```
$ ./character_matching
x = t
6
$ ./character_matching
x = r
4
```

13.2　素朴な文字列照合アルゴリズム

本節以降で, 文字列照合問題を扱っていく. 文字列照合問題は, 前節と同様に単純に考えると, テキストに沿って単語を1文字ずつずらしながら, 単語WがテキストS

に出現するか否かを調べていけばよいことがわかる。この考え方を素直にアルゴリズムにすると、次のようになる。

> **1** i = 0〜strlen(S) - strlen(W) まで、次の**2**〜**3**を繰り返す。
> **2** S[i..i + strlen(W) - 1] = W[0..strlen(W) - 1]ならば、i を出力して終了する。
> **3** i = i + 1
> **4** strlen(S) を出力する。

S = "testdtested"、W = "tested"のとき、図 13.2 のように、W を 1 文字ずつ右にずらしながら照合を進め、5 を出力する。

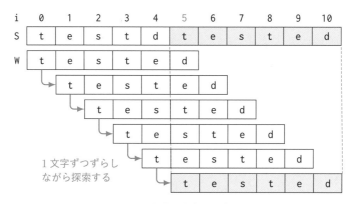

図 **13.2**　単純な文字列照合の例

このアルゴリズムの実装例は、次の naive_matching.c のとおりである。なお、プログラム中のコメント 1〜4 は、上のアルゴリズムの**1**〜**4**に対応している。

```
/* naive_matching.c (単純な文字列照合アルゴリズム) */
#include <stdio.h>
#include <string.h>

int naive_matching(char *s, char *w);

int main() {
  char s[80];
  char w[20];
  int ans;

  printf("text = ");
  scanf("%s", s);
  printf("word = ");
  scanf("%s", w);
```

```
  ans = naive_matching(s, w);
  printf("%d\n", ans);

  return 0;
}

int naive_matching(char *s, char *w) {
  int i = 0, j = 0;

  while(i + j < strlen(s)) {          /* 1 */
    if(s[i + j] == w[j]) {
      j = j + 1;
      if(j == strlen(w)) return i;    /* 2 */
    } else {  /* 単語を1文字ずらして最初から照合しなおす */
      i = i + 1;                      /* 3 */
      j = 0;
    }
  }
  /* 最後まで探索して照合に失敗した */
  return strlen(s);                   /* 4 */
}
```

このプログラムの実行例は，次のとおりである．

```
$ cc -o naive_matching naive_matching.c
$ ./naive_matching
text = algorithm
word = go
2
```

　このアルゴリズムは文字列照合問題を正しく解くが，「照合に失敗したら1文字ずらして，最初からやり直す」ので，処理効率がよくない．そこで，次節では，照合に失敗した場合の動作を改善したアルゴリズムを紹介する．

13.3　KMP法

　クヌース−モリス−プラット法（Knuth–Morris–Pratt algorithm, **KMP法**）は，前節の素朴なアルゴリズムに対して，照合に失敗したときの動作を改善したアルゴリズムである．動作の改善策として，試しに，「一度照合した文字は読み飛ばす」ことにしてみよう．たとえば，S = testdtested，W = tested とすると，図13.3のように i = 0，j = 4で照合に失敗し，新たに i = 4，j = 0から照合を始める．そこでも照合に失敗して，i = 5，j = 0として照合を続ける．今度は照合に成功して，アルゴリズムは5を出力する．この結果は正しいので，この例では，アルゴリズムはうまくいっているように見える．

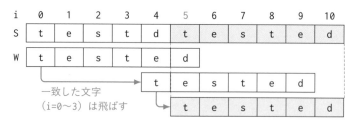

図 13.3 うまくいっているように見える例

次に，S = testested，W = tested としてみよう．今度は，図 13.4 のように，i = 0，j = 5 で照合に失敗し，i = 5，j = 0 となるが，このとき，i + strlen(W) > strlen(S) となり，アルゴリズムは繰り返し処理を終えて，9 (= strlen(S)) を出力して終了する．これは照合に失敗したことを表すが，本来ならば，3 が出力されるべきである．

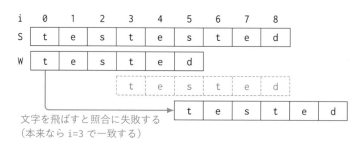

図 13.4 うまくいかない例

このように，一度照合した文字を読み飛ばすだけでは，正しい答えを返せない場合がある．そこで，与えられた単語 W をもとに，照合に失敗した場所によって，どのように復帰すればよいかをあらかじめ調べておき，その情報に基づいて，失敗したときの動作を決める．このアルゴリズムを KMP 法という．

KMP 法は，あらかじめ作ったパターン照合テーブル T を用いて，次のように動作する．照合に失敗した場合の復帰のしかたを，表の形にまとめたものが T である（次節を参照）．

---

1 i = 0～strlen(S)-strlen(W) まで，次の**2**～**4**を繰り返す．

2 S[i..i + strlen(W) - 1] = W[0..strlen(W) - 1] ならば，i を出力して終了する．

3 i = i + j - T[j] とする．

4 j > 0 ならば j = T[j] とする．

---

strlen(S) を出力する.

KMP 法の実装例は，以下のプログラム kpm_matching.c 中の kmp_matching 関数に
なる．なお，関数中のコメント 1〜5 は，上のアルゴリズム①〜⑤に対応する．また，
main 関数中でパターン照合テーブルを作る make_pattern_matching_table 関数を呼
び出しているが，この関数については，次節で説明する.

```c
/* kmp_matching.c (KMP 法 - 文字列照合アルゴリズム)*/
#include <stdio.h>
#include <string.h>

int kmp_matching(char *s, char *w);
int make_pattern_matching_table(char *w);
int equal(char *w, int j, int k);

int table[20];

int main() {
  char s[80];
  char w[20];
  int ans;

  printf("text = ");
  scanf("%s", s);
  printf("word = ");
  scanf("%s", w);

  make_pattern_matching_table(w);
  ans = kmp_matching(s, w);
  printf("%d\n", ans);

  return 0;
}

int kmp_matching(char *s, char *w) {
  int i = 0, j = 0;

  while(i + j < strlen(s)) {          /* 1 */
    if(s[i + j] == w[j]) {
      j = j + 1;
      if(j == strlen(w)) return i;   /* 2 */
    } else {  /* 単語を指定された分だけずらして照合しなおす */
      i = i + j - table[j];          /* 3 */
      if(j > 0) j = table[j];        /* 4 */
    }
  }
  return strlen(s);                  /* 5 */
}
```

13.4 パターン照合テーブル

本節では，パターン照合テーブルの作成方法について説明する.
単語 W を受け取ってパターン照合テーブル T を返すアルゴリズムを以下に示す.

> **1** T[0] = -1 とする.
> **2** j = 1〜W - 1 について，**3**〜**5** を繰り返す.
> **3** k = j - 1 とする.
> **4** k > 0 の間，W[0..k - 1] = W[j - k..j - 1] となるまで，k を 1 ずつ減らす.
> **5** T[j] = k とする.

たとえば，図 13.5 は，与えられた単語 W = "tested" に対してパターン照合テーブル作成アルゴリズムを適用し，j = 5 のとき，k = 2 で W[0..1] = W[3..4] = "te" となるので，T[5] = 2 となることを表している.

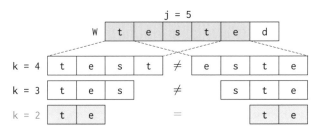

図 13.5 パターン照合テーブルの作成

パターン照合テーブルを作成するための関数 make_pattern_matching_table() を以下に示す. なお，関数中のコメント 1〜5 は，上のアルゴリズムの**1**〜**5**に対応している.

```
int make_pattern_matching_table(char *w) {
  int j, k;

  table[0] = -1;                        /* 1 */
  for(j = 1; j < strlen(w); j++) {      /* 2 */
    k = j - 1;                          /* 3 */
    while(k > 0 && !equal(w, j, k)) {   /* 4 */
      k = k - 1;
    }
    table[j] = k;                       /* 5 */
  }
```

```
    return 0;
}

/* w[0..k-1] と w[j-k..j-1] が同じ文字列か否か */
int equal(char *w, int j, int k) {
  int i;

  for(i = 0; i < k; i++) {
    if(w[i] != w[j - k + i]) {
      return (0 == 1);  /* 偽を返す */
    }
  }
  return (0 == 0);  /* 真を返す */
}
```

まとめ

　本章では，文字列照合アルゴリズムである KMP 法について解説した．文字列照合は，分子生物学におけるゲノム解析やウェブページの検索など，巨大なデータにも応用されるので，このようなアルゴリズムの少しの改善が計算の実時間に大きく関係することがある．

章末問題

テキスト S（文字数 strlen(S)=20）中に単語 W（文字数 strlen(W)=12）が存在するかを KMP 法により照合する．

$$S：cucutexecutexecution,\qquad W：cutexecution$$

(1) 単語 W に対するパターン照合テーブル T を作成することにより，空欄を埋めて以下の表を完成させよ．

j	0	1	2	3	4	5	6	7	8	9	10	11
W	c	u	t	e	x	e	c	u	t	i	o	n
T	-1	0										
j − T[j]	1	1										

(2) 以下の表は，KMP 法のアルゴリズムに従い解析結果を得るまでの，i, j の値の変化を表している．空欄を埋めて表を完成させよ．

i	0	0	0	2																	8
j	0	1	2	0																	11

本章では，**ヒープ**（heap）について述べる．ヒープとは，ある特定の条件を満たした完全二分木である．ルートの値が必ず最大であるという性質があり，かつ，配列で実現できることから，これを応用したヒープソート法についても，本章では述べる．

14.1 配列による完全二分木

完全二分木は，配列と簡単な計算式を用いて実現することができる．図 14.1 に示すように，n 個の要素からなる完全二分木の各ノードに，上から下へ，また同じ深さのノードに対しては左から右へ，1 から n までの番号を順番に振ると[*1]，各ノードの値を代入するための配列を用意することができる．よって，0 番目の要素は使用せず，1 番目以降の要素として順に n 個のデータが配列に格納されていることから，配列に必要な要素数は $n+1$ となっていることに注意する．このとき，あるノード v の二つの子ノード，すなわち，左側の子ノードと右側の子ノードの要素番号は，それぞれ $2v$ および $2v+1$ であり，また，親ノードの要素番号は $\left\lfloor \dfrac{v}{2} \right\rfloor$ （小数点以下切り捨て）となり，簡単に計算することができる．

問 14.1　8 個の要素からなる完全二分木について，以下の問いに答えよ．

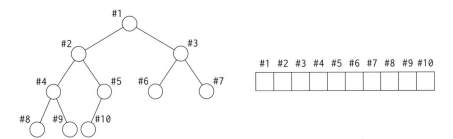

図 14.1　完全二分木の配列による実現

[*1]　0 から番号を振ることも不可能ではないが，1 から番号を振ったほうが都合がよい．

(1) ノード 3 の親ノード，および，子ノードの要素番号をそれぞれ答えよ．

(2) ノード 4 の親ノード，および，子ノードの要素番号をそれぞれ答えよ．

解答例

(1) $\left\lfloor \dfrac{v}{2} \right\rfloor = \left\lfloor \dfrac{3}{2} \right\rfloor = 1$ より，親ノードの要素番号は 1 である．また，$2v = 2 \times 3 = 6$ より，左側の子ノードの要素番号は 6，右側の子ノードの要素番号は 7 となる．

(2) $\left\lfloor \dfrac{4}{2} \right\rfloor = 2$ より，親ノードの要素番号は 2 である．$2 \times 4 = 8$ より，左側の子ノードの要素番号は 8，（要素は 8 個しかないので）右側の子ノードはなしとなる．

14.2 下降修復によるヒープ化

完全二分木において，とくに次の条件を満たすものをヒープとよぶ．ヒープの例を図 14.2 に示す．

> **ヒープ条件**
>
> 任意のノードの値は，そのノードのどちらの子の値よりも大きいか等しい．

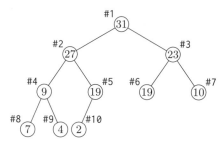

図 14.2 ヒープ

ヒープ条件を満たしていない完全二分木からこのような条件を満たすヒープを生成（ヒープ化）するためには，次の**下降修復**（downheap）を下方の部分木からルートまで順番に適用する．

> **下降修復**
>
> ノード v の値がそのどちらかの子の値より小さければ，値が大きいほうの子 w と v の値を交換し，次にノード w に対して下降修復を繰り返す．

たとえば，ノード v と v の子の間ではヒープ条件を満たしておらず，v の子を頂点とする各部分木に関してはヒープ条件を満たしている場合，v に対して下降修復を適

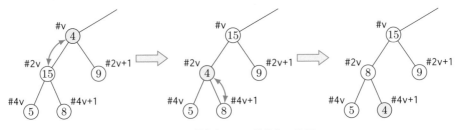

図 14.3　部分木への下降修復の適用

用することで，図 14.3 に示すようにノード v を頂点とする部分木をヒープ化すること
ができる．したがって，下降修復を下方の部分木から繰り返すことにより，結果とし
て完全二分木全体をヒープ化できることがわかる．

　この下降修復を配列を利用した完全二分木の部分木に対して行う場合，配列へのポ
インタ *data，対象となる部分木の頂点となるノードの番号 v，およびノードの個数 n
を引数にとる downheap() 関数の中で次のような手続きを定義し，利用することがで
きる．

```
if (v > n / 2) return; /* v が子ノードをもたなければ何もしない */

if (右の子ノードがある && 左の子ノードの値よりも右の子ノードの値が大きい)
  右の子ノードを w とする;
else
  左の子ノードを w とする;

if (v よりも w の値が大きい) {
  v と w の値を交換;
  w を頂点とする部分木に対して下降修復;
}
```

● 処理の流れ

　以下の配列をヒープ化することを考える．

$$23, 4, 19, 27, 2, 31, 10, 7, 9, 19$$

ここで，要素番号 1 からデータが格納されているので，10 個のデータを格納するため
に，実際には，この配列の要素数は 11 となっていることに注意する．この配列に対応
するヒープを，図 14.4(a) に示す．

　ヒープ化は下方の部分木から順に下降修復を行うことで実現される．よって，要素
数 $n = 10$ であることから，10 番目の要素を頂点とする部分木から順に下降修復を適
用していけばよい．しかしながら，この処理は無駄である．なぜならば，10 番目の要

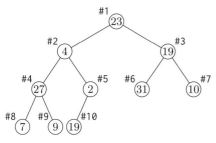

（a）配列に対応したヒープ

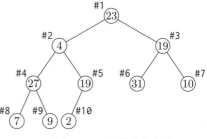

（b）$i = 5$ の下降修復結果

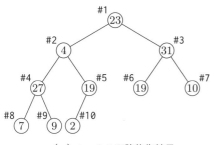

（c）$i = 3$ の下降修復結果

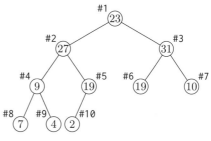

（d）$i = 2$ の下降修復結果

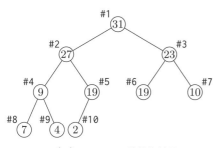

（e）$i = 1$ の下降修復結果

図 14.4　配列のヒープ化

素は子ノードをもっていないことから，はじめから下降修復を試みる必要がないからである．よって，子ノードを一つ以上もっているノードから下降修復を始めればよい．

　前述したとおり，配列による完全二分木においては，簡単な計算式から，その親ノードの要素番号が計算可能である．要素番号 10 を子ノードとしてもつ親ノードの要素番号は $\dfrac{n}{2} = \dfrac{10}{2} = 5$ となることから，これよりも大きな要素番号においては，子ノードをもたないことがわかる．よって，下降修復を適用する下方の部分木としては，要素番号 $i = 5$ から始めれば十分である．$i = 5$ 番目の要素を頂点とする部分木に下降修復を適用した結果を，図 (b) に示す．

次に，i を 1 減少させ，4 番目の要素を頂点とする部分木に下降修復を適用する．ここでは，すでにヒープ化された状態となっているので，そのまま処理が終了する．

次に，$i = 3$ 番目の要素を頂点とする部分木に下降修復を適用する．この結果を図 (c) に示す．

次に，$i = 2$ 番目の要素を頂点とする部分木に下降修復を適用する．この結果を図 (d) に示す．下降修復を繰り返した結果，要素番号 2 に格納されていたデータ 4 が，要素番号 9 に格納されていることに注意する．

最後に，$i = 1$ 番目の要素を頂点とする部分木に下降修復を適用する．この結果を図 (e) に示す．このようにして，下方の部分木から下降修復を繰り返すことにより，全体のヒープ化が完成する．

問 14.2 　次の数列を完全二分木とみなし，下降修復を下方の部分木から繰り返すことにより，ヒープ化した結果を答えよ．

$$55, 30, 97, 31, 85, 50, 41, 86, 62, 47$$

解答例
$$97, 86, 55, 62, 85, 50, 41, 31, 30, 47$$

14.3 　上昇修復

要素数 n のヒープに新たな要素を加えた場合，次の**上昇修復**（upheap）を追加されたノードから行うことにより，$n + 1$ 個の要素をもつ新たなヒープを作成することができる．たとえば，$\{15, 7, 9, 4\}$ からなる要素数 4 のヒープに対し新たな要素 24 を加える場合には，図 14.5 のようになる．

> **上昇修復**
> ノード v の値がその親 u の値より大きければ u と v の値を交換し，次にノード u に対して上昇修復を繰り返す．

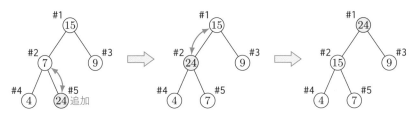

図 14.5 　ノードの追加と上昇修復

14.4　ヒープソート法

　ヒープの応用として，ルートの値が最大であるという性質を利用した**ヒープソート法**（heap sort）がある．要素数 n のヒープのルートを削除し，最後の要素をルートに移動し下降修復を行うことにより，$n-1$ 個の要素をもつ新たなヒープを作成することができる．これを順に繰り返すことによりソートを実現する．

　配列が与えられたときに，これを完全二分木とみなしソートするアルゴリズムを以下に示す．

> ■　要素数 n の配列を完全二分木とみなしヒープ化する．
> ■　$n \sim 1$ まで i を 1 ずつ減少させ，手順■，■を繰り返す．
> ■　ルートの値を取り出し，最後（i 番目）のノードと交換する．
> ■　残りのノード（$i-1$ 個）をヒープ化する．

● 処理の流れ

　14.2 節でも扱った，以下の配列をヒープソート法によりソートすることを考える．

$$23, 4, 19, 27, 2, 31, 10, 7, 9, 19$$

　手順■に従い，ヒープ化を行う．ヒープ化の結果は図 14.4(e) であり，これに対応する配列は以下のようになる．

$$31, 27, 23, 9, 19, 19, 10, 7, 4, 2$$

　次に，手順■により，$i = 10$ として，手順■，■を実行する．手順■に従い，ルートの値を取り出し，最後（i 番目）のノードと交換する，すなわち，1 番目の要素である 31 と $i = 10$ 番目の要素である 2 を交換する．この結果を図 14.6(a) に示す．

　そして，手順■に従い，残りの $i-1 = 9$ 個のノードをヒープ化する．当然ながら，下方の部分木はすでにヒープ化が完了しているので，ルートより一度だけ下降修復を適用すれば十分である．この結果を図 (b) に示す．ここで，10 番目のノードは削除された扱いとなっていることから，破線で表している．同時に，値が確定した，すなわち，全ノードの中で最大の値は 31 であり，これが 10 番目の要素となったことを表している．

　手順■に従い，i を 1 減少させ，$i = 9$ として，同様に手順■，■を実行する．手順■に従い，現在の 1 番目の要素である 27 と $i = 9$ 番目の要素である 4 を交換する．そして，手順■に従い，残りの $i-1 = 8$ 個のノードをヒープ化する．この結果を図 (c)

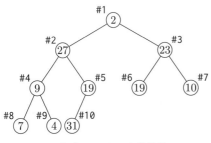

（a）$i = 10$ の交換結果

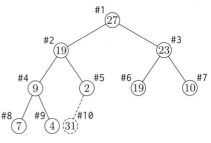

（b）残り 9 ノードをヒープ化した結果

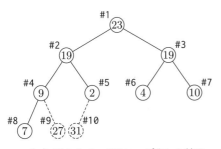

（c）残り 8 ノードをヒープ化した結果

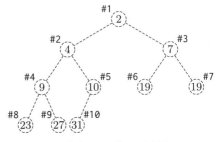

（d）ヒープソート結果

図 14.6　ヒープソート

に示す．同様に，2 番目に大きな値である 27 が 9 番目の要素として確定したことを表している．

　同様にして i を減少させていき，$i = 1$ となり，処理が終了する．この結果を，図 (d) に示す．

　このようにして，ヒープの特性を生かしてソートを行うことが可能である．なお，ヒープソート法においては，n 個の要素をもつ配列を完全二分木とみなして処理する．よって，その操作回数は最大でも $\log n$ 回となる[*2]．また，各回において処理するデータ数は最大でも n である．そのため，ヒープソート法の計算量は $O(n \log n)$ と表すことができ，クイックソート法と同程度に高速なソート手法であることがわかる．

　ヒープソート法のプログラム（例）を以下に示す．

```c
/* heapsort.c */
#include <stdio.h>

#define MAX_N 100
/* data[v] と data[w] を置換する関数 */
void swap(int data[], int v, int w)
{
```

---

*2　木の深さが最大でも $\log n$ （正確には $+1$）になる，という意味である．

```
  int tmp;

  tmp = data[v];
  data[v] = data[w];
  data[w] = tmp;
}

/* 下降修復 */
void downheap(int *data, int v, int n)
{
  int w;

  if ( v > (n / 2) ) {
   return;
  }
  w = 2 * v;

  /* 左右の子ノードにおいて大きいほうを w に設定 */
  if ( w + 1 <= n ){
    if(data[w] < data[w + 1] ){
      w++;
    }
  }
  /* data[v] より data[w] が大きければ，置換して，再帰的に繰り返す */
  if ( data[v] < data[w] ) {
    swap(data, v, w);
    downheap(data, w, n);
  }
}

int main() {
  int data[MAX_N], *p;
  int n, i = 1, j;

  p = data + 1;
  while( scanf("%d", p++) != EOF ) i++;
  n = i - 1;

  /* ヒープ化前の状態を表示 */
  printf("** Before heap...\n");
  for( i = 1; i <= n; i++ )
    printf("%4d ", data[i]);
  printf("\n");

  /* n/2 から下降修復を開始 */
  for( i = n/2; i >= 1; i-- )
    downheap(data, i, n);

  /* ヒープ化後の状態を表示 */
  printf("** After heap...\n");
  for( i = 1; i <= n; i++ )
```

```
      printf("%4d ", data[i]);
    printf("\n");

    for( i = n; i >= 1; i-- ) {
      swap(data, 1, i);
      downheap(data, 1, i - 1);
    }

    /* ソート後の状態を表示 */
    printf("** After sort...\n");
    for( i = 1; i <= n; i++ )
      printf("%4d ", data[i]);
    printf("\n");
    printf("END.\n");
    return 0;
}
```

問 14.3 次に示す整数の数列に対して上記のプログラムを実行し，ヒープソート法で数列を昇順に並べ替えよ．

$$7, 27, 19, 9, 10, 23, 2, 12, 4, 31$$

解答例 （省略）

> **まとめ**
>
>   本章では，ヒープについて述べた．任意のノードの値が，そのノードのどちらの子の値よりも大きいか等しいというヒープ条件を満たしているものをヒープとよぶ．このヒープ条件で示されるとおり，二分木におけるルートの値は必ず最大となる．なお，ヒープは完全二分木であることから，配列で実現可能である．よって，配列をヒープ化することができれば，必然的に最大値を求めることができる．本章では，下降修復によるヒープ化について述べた．さらに，随時，最大値を取り出し，残りの要素を再度ヒープ化することによりソートを行うヒープソート法についても述べた．その時間計算量は $O(n \log n)$ となっており，クイックソート法などと同程度に高速なソート手法であることが知られている．

章末問題

  10 個の整数データからなる次の配列について，以下の問いに答えよ．ただし，当該配列において，0 番目の要素は使用せず，1 番目以降の要素として順に 10 個のデータが格納されているものとする．

$$26, 16, 32, 15, 40, 13, 23, 33, 14, 12$$

(1) 以下の図は，この配列に対応する完全二分木を表している．空欄になっている各ノードを適当な数値で埋めよ．

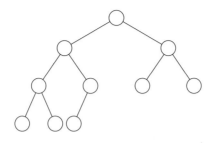

(2) (1) の完全二分木を下降修復の繰り返しによりヒープ化した結果を配列の形で答えよ．

(3) (2) で得られたヒープに対して，ヒープソート法によりデータを昇順にソートすることを考える．このときの途中経過として，4 回分の置換結果を以下に示している．空欄を埋めて図を完成させよ．なお，破線で記したノードは値が確定していることを表している．

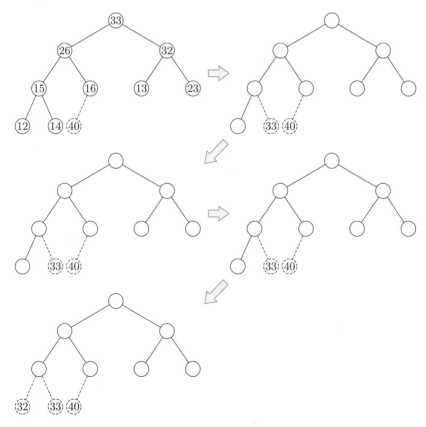

第 15 章

ファイルのソート

単純選択法などの一般的なソート手法は，すべて内部ソート手法であった．すなわち，内部メモリを使用し，これに全データを格納した上で，ランダムアクセスを前提としてソートを行ってきた．しかしながら，現実には，内部メモリに収まらないほどの大容量のデータを処理する必要に迫られることもある．この場合，もはや，ランダムアクセスを前提とした内部ソート手法は適用不可能である．そこで，外部ファイルを直接操作してソートを行う，外部ソート手法が必要となる．本章では，外部ソート手法の一つであるマージソート法について述べる．

15.1 データアクセス方式

データへのアクセス方式には，大きく分けて，ランダムアクセスと順（シーケンシャル）アクセスの 2 種類が存在する．**ランダムアクセス**（random access）とは，メモリ（主記憶）で用いられている方式であり，各データのインデックス情報を保持することにより，任意のデータに即座にアクセスが可能なものである．**順アクセス**（sequential access）とは，磁気テープ[*1] などで用いられている方式であり，データの先頭から順にアクセスしていくものである．

データアクセスの速度で考えると，ランダムアクセスはその計算量が $O(1)$ であるのに対して，順アクセスにおいては，先頭から順にアクセスするしか手段がないため，その計算量は $O(n)$ となる．また，メモリなどは一般に高価であるのに対して，磁気テープなどは圧倒的に安価であり，かつ大容量であるという特徴がある．

たとえば，天文学の分野では，メモリに収まりきらないほどの大容量のデータを処理する必要に迫られることもある．その場合，ビット単価の低い磁気テープ上のデータを直接操作してソートを行うことになる．このようなソート手法を外部ソートという．

[*1]　8 ミリビデオテープやカセットテープなど，アナログテープのことである．あまり見かけなくなったこともあり，イメージしにくい場合には，紙テープなどに先頭から順番に文字が書かれているものと考えてほしい．

15.2 外部ソート

外部ソートを行ううえでの留意点は以下のとおりである.

> **1** 記憶空間を節約することは考えない.
> **2** 順アクセスを前提とする.

内部ソートにおいて,その空間計算量は $O(n)$ 未満であることが暗に求められていた.しかしながら,磁気テープなどの外部記憶装置は,メモリなどの内部記憶装置に比べて圧倒的に安価である.よって,外部ソートの高速化において,記憶空間を節約する必要はない.すなわち,必要であれば,同じデータをいくつかのファイルに同時に格納してもかまわない,ということである.

また,一般には,順アクセスよりランダムアクセスのほうが高速である.外部ソートにおいては順アクセスを前提とするので[*2],これにあわせたアルゴリズムを考える必要がある.

以上を考慮した外部ソート手法の一つが,マージソート法である.

15.3 マージソート法

マージソート法(merge sort)とは,分配と併合(マージ)を繰り返すことにより,ソートを行う手法である.すでにソート済みである複数個の列を1個の列にマージするという,分割統治法に基づいた手法である.列の単位にはさまざまなものが考えられるが,ここでは,昇順に並んでいる部分である**連**(run)を用いる[*3].

マージソート法のアルゴリズムを以下に示す(図 15.1).

> **1** ファイル f にデータを格納する.
> **2** 連に分割し,別のファイル f_a, f_b に交互に分配する.
> **3** f_a, f_b について,連ごとにマージして f に格納する.
> **4** **2**, **3**を1個の連になるまで繰り返す.

分配とマージを繰り返すごとに連の数は減少していき,最終的にこれが1個となったとき,ソートが完了したことを意味する.

[*2] 媒体によっては,そもそもランダムアクセス自体が不可能である.

[*3] ここで紹介する連を用いたマージソート法をとくに,自然マージソート法とよぶことがある.

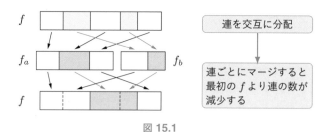

図 15.1

● 連のマージ処理

連のマージ処理についてのアルゴリズムを以下に示す.

> **1** 連 a, b から同時に一つずつデータを読み込む(ファイル f に格納されるたびに読み込む).
> **2** 小さいほうの値をファイル f に格納する.
> **3** **1**, **2**をどちらかの連が終わるまで繰り返す.
> **4** どちらかが終わったら,データが残っている連の中身を f に追加する.

　このマージ処理を,具体的に磁気テープを用いて実現することを考える.いま,連 a は「29, 32, 34」であり,これがファイル f_a に格納されているものとする.同様に連 b は「18, 20, 30」であり,これがファイル f_b に格納されているものとする.これらをマージして,別のファイル f に格納していく.これを図 15.2(a) に示す.

　磁気テープにおいて,データの読み書きは磁気ヘッド部分でのみ行われる.よって,手順**1**に従い,「29」と「18」が読み込まれる.次に,手順**2**に従いこれらを比較し,小さいほうのデータである「18」がファイル f に書き込まれる.手順**1**に戻り,ここでは,ファイル f_b よりデータが読み込まれたので,このファイル f_b から次のデータ「20」が読み込まれ,ファイル f_a の「29」と再度,比較が行われる.これを図 (b) に示す.

　手順**3**に従い,これをどちらかの連が終わるまで繰り返す.よって,小さいほうのデータである「20」がファイル f に書き込まれ,ファイル f_b から次のデータが読み込まれる.これを図 (c) に示す.

　次に,データ「29」が書き込まれ,ファイル f_a から次のデータが読み込まれる.同様に,データ「30」が書き込まれ,ファイル f_b から次のデータが読み込まれる.これを図 (d),(e) にそれぞれ示す.

　ここで,ファイル f_b には,すでにデータが存在しない,すなわち,連が終了していることがわかる.よって,手順**4**に従い,データが残っている連の中身,すなわち,

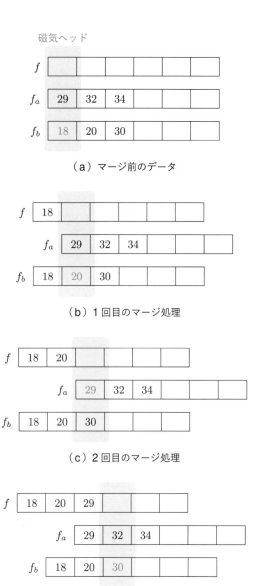

（a）マージ前のデータ

（b）1回目のマージ処理

（c）2回目のマージ処理

（d）3回目のマージ処理

図 15.2　一連のマージ処理

ファイル f_a の残りのデータすべてを f に追加する．これを図 (f) に示す．

　これが最終的なマージ結果となり，連 a と b をマージした結果がファイル f に正しく格納されていることがわかる．このようにして，順アクセスのみでのマージ処理を実現している．

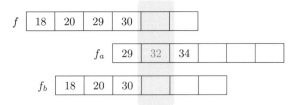

（e）4回目のマージ処理

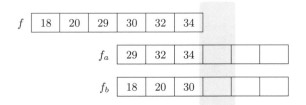

（f）最終的なマージ結果

図 15.2　一連のマージ処理（続き）

● マージソート法の流れ

いま，ファイル f に次の 12 個のデータが格納されているものとして，これをマージソート法によりソートする．

$$f : 29, 32, 34, 21, 19, 50, 10, 43, 33, 49, 100, 60$$

まず，これを連に分割すると，以下のようになる．

$$29, 32, 34 \, / \, 21 \, / \, 19, 50 \, / \, 10, 43 \, / \, 33, 49, 100 \, / \, 60$$

連は昇順に並んでいる部分と定義されるので，この場合，スラッシュ（/）により，6 個の連に分割されている．この連を f_a，f_b に交互に分配していく．よって，それぞれのファイルは以下のようになる．

$$f_a : 29, 32, 34, 19, 50, 33, 49, 100$$
$$f_b : 21, 10, 43, 60$$

次に連ごとにマージして f に格納する．f_a，f_b それぞれにおいて改めて連を形成するので，以下のようになる．

$$f_a : 29, 32, 34 \, / \, 19, 50 \, / \, 33, 49, 100$$
$$f_b : 21 \, / \, 10, 43, 60$$

分配前には連の数は全部で 6 個であったものが，分配後には 5 個に減少しているこ

とがわかる．マージソート法においては，連の数を減少させることが高速なソートにつながる．よって，処理過程において連の数が減少することは，（偶然ではあるものの）むしろ歓迎される．

連ごとにマージする．最初に対象となる連は以下のとおりである．

$$a: 29, 32, 34$$
$$b: 21$$

連 a, b から同時に一つずつデータを読み込むので，29 と 21 が読み込まれる．小さいほうの値を f に書き込むので，ここでは 21 が書き込まれる．連 b から 21 が読み込まれたので，同じ連から次のデータを読み込む．しかしながら，すでにこの連の読み込みは終わっている．よって，データが残っている連の中身を書き出すので，連 a の残りのデータがすべてファイル f に追加される．この時点で，ファイル f は以下のようになる．

$$f: 21, 29, 32, 34$$

当然ながら，一つの連となっている．同様に次の連をマージする．対象となる連は以下のとおりである．

$$a: 19, 50$$
$$b: 10, 43, 60$$

同様に書き込みを行い，この時点でファイル f は以下のようになる．

$$f: 21, 29, 32, 34, 10, 19, 43, 50, 60$$

同様に次の連をマージするが，連 b はすでに存在しない．よって，マージ結果としては，単純に連 a がファイル f に追加され，以下のようになる．

$$f: 21, 29, 32, 34, 10, 19, 43, 50, 60, 33, 49, 100$$

この時点でファイル f を改めて連に分割すると，以下のようになる．

$$f: 21, 29, 32, 34 \ / \ 10, 19, 43, 50, 60 \ / \ 33, 49, 100$$

よって，連の個数は 3 にまで減少しているのがわかる．上記を 1 個の連になるまで繰り返す．このように，分配とマージを繰り返すことにより，連の数を減少させ，ソートを実現させるのが，このマージソート法である．

以降，同様の処理を繰り返していくと，ファイル f_a, f_b, f は順に以下のようになる．

f_a : 21, 29, 32, 34, 33, 49, 100

f_b : 10, 19, 43, 50, 60

f : 10, 19, 21, 29, 32, 34, 43, 50, 60, 33, 49, 100

f_a : 10, 19, 21, 29, 32, 34, 43, 50, 60

f_b : 33, 49, 100

f : 10, 19, 21, 29, 32, 33, 34, 43, 49, 50, 60, 100

このようにして，最終的に1個の連となり，ソートが完了する．

なお，マージソート法の時間計算量は $O(n \log n)$ になることが知られていて，これは，クイックソート法などと同程度に高速であることを意味している．しかしながら，空間計算量については，その処理過程からも明らかなように，$O(n)$ となる．そのため内部ソートには適しておらず，外部ソートで用いられる．

15.4 各ソート法の比較

本書ではいくつかのソート法を説明してきた．改めて，各手法の特徴をまとめたものを表15.1に示す．たとえば，単純選択法は比較によるソート手法で，その時間計算量は $O(n^2)$ であり，空間計算量は $O(1)$ だが，安定性はない．一方で，基数ソート法は比較によらないソート手法で，時間計算量は $O(n)$ だが，その空間計算量は $O(n)$ となり，安定性はある，などということを表している．

このように，各ソート法には，一長一短があるので，それぞれの特徴を把握したうえで，その処理対象に応じて，適切な手法を選択する必要がある．

表 15.1　ソート法のまとめ

	比較処理	時間計算量	空間計算量	安定性
単純選択法	有	$O(n^2)$	$O(1)$	無
単純挿入法	有	$O(n^2)$	$O(1)$	有
バブルソート法	有	$O(n^2)$	$O(1)$	有
クイックソート法	有	$O(n \log n)$	$O(\log n)$	無
基数ソート法	無	$O(n)$	$O(n)$	有
マージソート法	有	$O(n \log n)$	$O(n)$	有

まとめ

　本章では，外部ソート手法の一つであるマージソート法について述べた．外部ソート手法であることからランダムアクセスは前提としておらず，順アクセスのみで処理が行われる．順アクセスのみで処理が行われているにもかかわらず，マージソート法においては，クイックソート法などと同程度に高速なソートを実現している．

章末問題

マージソート法により，ファイル f に格納されている以下の 13 件のデータを昇順にソートする．

$$f : 26,\ 12,\ 34,\ 46,\ 11,\ 28,\ 21,\ 20,\ 45,\ 40,\ 44,\ 15,\ 23$$

(1) ファイル f のデータを連で分割した結果を答えよ．ただし，連の分割はスラッシュ（/）により明示すること．

(2) それぞれの連をファイル f_a, f_b へ分配，すなわち，交互に格納していく．最初の連をファイル f_a に格納するものとしたとき，ファイル f_a, f_b それぞれにおける，分配した結果を答えよ．

(3) ファイル f_a, f_b において，再度，連を作成し，それぞれを順にマージし，ファイル f に格納する．このとき，ファイル f の結果を答えよ．

(4) 同様に，分配とマージを繰り返していき，ソートを行う．このとき，最終的なソート結果を答えよ．ただし，(3) 以降，最終的な結果に至るまでの分配とマージの結果をすべて示すこと．

f:	((3) の結果)												
f_a:													
f_b:													
f:													
f_a:													
f_b:													
f:													

章末問題解答

● 第1章

コンピュータを用いた問題の表現と解法は，最終的にはコンピュータ上で表現されることが期待されている．プログラムはコンピュータ上でアルゴリズムを実現するための，ほぼ唯一の方法であるため，実装レベルでのアルゴリズムの表現を学ぶことにより，実装例以外でのプログラミング言語での実装も容易になるメリットがある．

● 第2章

(1)

(0)	6	9	3	8	7	5	4	2	1
(1)	1	9	3	8	7	5	4	2	6
(2)	1	2	3	8	7	5	4	9	6
(3)	1	2	3	4	7	5	8	9	6
(4)	1	2	3	4	5	7	8	9	6
(5)	1	2	3	4	5	6	8	9	7
(6)	1	2	3	4	5	6	7	9	8
(7)	1	2	3	4	5	6	7	8	9

(2)

(0)	6	9	3	8	7	5	4	2	1
(1)	3	6	9	8	7	5	4	2	1
(2)	3	6	8	9	7	5	4	2	1
(3)	3	6	7	8	9	5	4	2	1
(4)	3	5	6	7	8	9	4	2	1
(5)	3	4	5	6	7	8	9	2	1
(6)	2	3	4	5	6	7	8	9	1
(7)	1	2	3	4	5	6	7	8	9

(3)

(0)	6	9	3	8	7	5	4	2	1
(1)	6	9	3	8	7	5	4	1	2
(2)	6	9	3	8	7	5	1	4	2
(3)	6	9	3	8	7	1	5	4	2
(4)	6	9	3	8	1	7	5	4	2
(5)	6	9	3	1	8	7	5	4	2
(6)	6	9	1	3	8	7	5	4	2
(7)	6	1	9	3	8	7	5	4	2

(8)	1	6	9	3	8	7	5	4	2
(9)	1	6	9	3	8	7	5	2	4
(10)	1	6	9	3	8	7	2	5	4
(11)	1	6	9	3	8	2	7	5	4
(12)	1	6	9	3	2	8	7	5	4
(13)	1	6	9	2	3	8	7	5	4
(14)	1	6	2	9	3	8	7	5	4
(15)	1	2	6	9	3	8	7	5	4
(16)	1	2	6	9	3	8	7	4	5
(17)	1	2	6	9	3	8	4	7	5
(18)	1	2	6	9	3	4	8	7	5
(19)	1	2	6	3	9	4	8	7	5
(20)	1	2	3	6	9	4	8	7	5
(21)	1	2	3	6	9	4	8	5	7
(22)	1	2	3	6	9	4	5	8	7
(23)	1	2	3	6	4	9	5	8	7
(24)	1	2	3	4	6	9	5	8	7
(25)	1	2	3	4	6	9	5	7	8
(26)	1	2	3	4	6	5	9	7	8
(27)	1	2	3	4	5	6	9	7	8
(28)	1	2	3	4	5	6	7	9	8
(29)	1	2	3	4	5	6	7	8	9

● 第 **3** 章

(0)	523	39	785	257	351	616	292	788	802
(1)	351	292	802	523	785	616	257	788	39
(2)	802	616	523	39	351	257	785	788	292
(3)	39	257	292	351	523	616	785	788	802

● 第 **4** 章

(1)

(0)	6	9	3	8	7	5	4	2	1
(1)	1	9	3	8	7	5	4	2	6
(2)	1	2	3	8	7	5	4	9	6
(3)	1	2	3	4	7	5	8	9	6
(4)	1	2	3	4	5	7	8	9	6

(2) 左部分配列：1, 2, 3, 4, 5　　　右部分配列：7, 8, 9, 6

(3) （省略）

● 第5章

(1) スタックの応用例
- 関数呼び出しの仕組み（この仕組みを悪用したバッファオーバーラン攻撃など
  セキュリティとも関連する）
- ワープロやテキストエディタの Undo 機能
- Web ブラウザの訪問履歴（訪問時にプッシュ，戻るボタンでポップ）

キューの応用例
- プリンタや OS などのジョブスケジューリング（優先順位に従ってデータの並
  びを操作することもある→優先度付きキュー）
- JR や航空券予約のキャンセル待ち処理
- ファイル入出力などにおける非同期データ転送

(2) 前置記法で書かれた式の値を求めるプログラムは，たとえば，次のようになる．

```
/* pn_rec.c ポーランド記法 */
#include <stdio.h>
#include <stdlib.h>
#include <string.h>

#define STRLEN 255    /* 読み込む文字列の最大長 */

float calc(void);

int main() {
    char string[STRLEN];  /* 入力データ用 */
    float ans;

    ans = calc();
    if(scanf("%s", string) == EOF) {
        printf("%.2f\n", ans);
    } else {
        fprintf(stderr, "not enough operator\n");
    }
}

float calc() {
    char string[STRLEN];  /* 入力データ用 */
    float data;           /* 入力データ */
    float data_1, data_2; /* 計算用 */

    if(scanf("%s", string) != EOF) {
        /* 読み込んだ文字列が、演算子を示す文字列か? */
        if ((data = atof(string)) == 0 && strlen(string) == 1
                                      && *string != '0') {
            /* 演算子の場合 */
            data_1 = calc();
            data_2 = calc();
            switch (*string) {
```

```
            case '+': /* 加算 */
                return(data_1 + data_2);
                break;
            case '-': /* 減算 */
                return(data_1 - data_2);
                break;
            case '*': /* 乗算 */
                return(data_1 * data_2);
                break;
            case '/': /* 除算 */
                return(data_1 / data_2);
                break;
            default:
                fprintf(stderr, "Unknown operator\n");
                return -1;
            }
        } else {
            /* 数字の場合 */
            return data;
        }
    } else {
        fprintf(stderr, "not enough operand\n");
        return 1;
    }
}
```

● 第 6 章

(1) $(0, 1)$ $(1, 2)$ $(2, 5)$ $(5, 4)$ $(4, 3)$ $(3, 6)$ $(6, 7)$ $(7, 8)$

(2) $(0, 1)$ $(0, 3)$ $(1, 2)$ $(1, 4)$ $(3, 6)$ $(2, 5)$ $(4, 7)$ $(5, 8)$

● 第 7 章

(1)

	0	1	2	3	4	5	6	7	8
ノード u = [0]									
dist	0	4	∞	1	∞	∞	∞	∞	∞
flag	1	0	0	0	0	0	0	0	0
path	EOP	0	0	0	0	0	0	0	0
ノード u = [3]									
dist	0	4	∞	1	2	∞	2	∞	∞
flag	1	0	0	1	0	0	0	0	0
path	EOP	0	0	0	3	0	3	0	0
ノード u = [4]									
dist	0	3	∞	1	2	4	2	3	∞
flag	1	0	0	1	1	0	0	0	0
path	EOP	4	0	0	3	4	3	4	0

ノード u = [6]									
dist	0	3	∞	1	2	4	2	3	∞
flag	1	0	0	1	1	0	1	0	0
path	EOP	4	0	0	3	4	3	4	0

ノード u = [1]									
dist	0	3	4	1	2	4	2	3	∞
flag	1	1	0	1	1	0	1	0	0
path	EOP	4	1	0	3	4	3	4	0

ノード u = [7]									
dist	0	3	4	1	2	4	2	3	8
flag	1	1	0	1	1	0	1	1	0
path	EOP	4	1	0	3	4	3	4	7

ノード u = [2]									
dist	0	3	4	1	2	4	2	3	8
flag	1	1	1	1	1	1	1	1	0
path	EOP	4	1	0	3	4	3	4	7

ノード u = [5]									
dist	0	3	4	1	2	4	2	3	6
flag	1	1	1	1	1	1	1	1	0
path	EOP	4	1	0	3	4	3	4	5

ノード u = [8]									
dist	0	3	4	1	2	4	2	3	6
flag	1	1	1	1	1	1	1	1	1
path	EOP	4	1	0	3	4	3	4	5

(2) 最短経路長：6　　　　最短経路：0 → 3 → 4 → 5 → 8

● 第8章
(1) (a) 42 → 76 → 63
(b) 行きがけ順：42, 15, 18, 28, 76, 63, 98, 92
　　帰りがけ順：28, 18, 15, 63, 92, 98, 76, 42
(c)

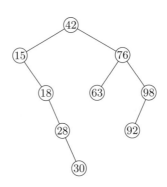

(2)

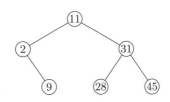

● 第 **9** 章

(1)

①		
address	value	next
(head)		0x1070
0x1010	84	0x1030
0x1030	95	NULL
0x1050	78	0x1010
0x1070	27	0x1050
0x1090	56	0x1050

②		
address	value	next
(head)		0x1070
0x1010	84	0x1030
0x1030	95	NULL
0x1050	78	0x1010
0x1070	27	0x1090
0x1090	56	0x1050

(2)

address	value	next
(head)		0x1070
0x1010	84	0x1030
0x1030	95	NULL
0x1050	—	—
0x1070	27	0x1090
0x1090	56	0x1010

● 第 **10** 章

(1) （イ），（カ）

(2) （ウ），（オ）

● 第 **11** 章

(1) r の値の変化：8 → 4 → 2 → 1，戻り値：1

(2) r の値の変化：8 → 6，戻り値：6

(3) r の値の変化：8，戻り値：9

●第 **12** 章

(1) (a) 406 → 407 → 408 → 409

(b) 406 → 743

(2) (a) STEAK：378，HAMBURG：379，HUNGRY：383

(b) STEAK：803，HAMBURG：40，HUNGRY：378

●第 **13** 章

(1)

j	0	1	2	3	4	5	6	7	8	9	10	11
W	c	u	t	e	x	e	c	u	t	i	o	n
T	-1	0	0	0	0	0	0	1	2	3	0	0
j - T[j]	1	1	2	3	4	5	6	6	6	6	10	11

(2)

i	0	0	0	2	2	2	2	2	2	2	2	2	8	8	8	8	8	8	8	8
j	0	1	2	0	1	2	3	4	5	6	7	8	9	3	4	5	6	7	8	9	10	11

●第 **14** 章

(1)

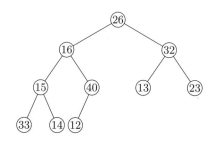

(2)

40	33	32	26	16	13	23	15	14	12

(3)

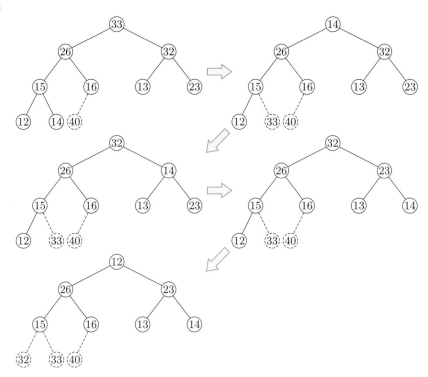

● 第 **15** 章

(1)　f : 26 / 12, 34, 46 / 11, 28 / 21 / 20, 45 / 40, 44 / 15, 23

(2)

f_a:	26	11	28	20	45	15	23
f_b:	12	34	46	21	40	44	

(3)

f:	12	26	34	46	11	21	28	40	44	20	45	15	23

(4)

f:	((3) の結果)												
f_a:	12	26	34	46	20	45							
f_b:	11	21	28	40	44	15	23						
f:	11	12	21	26	28	34	40	44	46	15	20	23	45
f_a:	11	12	21	26	28	34	40	44	46				
f_b:	15	20	23	45									
f:	11	12	15	20	21	23	26	28	34	40	44	45	46

参考文献

[1] 「ソフトウェア演習テキスト 2015」，岩手県立大学ソフトウェア情報学部

[2] 「C で学ぶデータ構造とプログラム」，Leendert Ammeraal 著，小山 裕徳 訳，オーム社

[3] 「アルゴリズムとデータ構造」，藤田 聡 著，数理工学社

[4] 「アルゴリズムとデータ構造—改訂 C 言語版」，平田 富夫 著，森北出版

[5] 「アルゴリズムとデータ構造」，湯田 幸八，伊原 充博 著，コロナ社

索　引

著 者 略 歴

松原　雅文（まつはら・まさふみ）
　2000 年　北海学園大学大学院工学研究科電子情報工学専攻修士課程修了
　2003 年　北海道大学大学院工学研究科電子情報工学専攻博士後期課程修了
　　　　　　博士（工学）
　2003 年　岩手県立大学ソフトウェア情報学部講師
　2014 年　岩手県立大学ソフトウェア情報学部准教授
　　　　　　現在に至る

山田　敬三（やまだ・けいぞう）
　1995 年　九州工業大学情報工学部知能情報工学科卒業
　1997 年　九州工業大学大学院情報工学研究科情報科学専攻博士前期課程修了
　2000 年　九州工業大学大学院情報工学研究科情報科学専攻博士後期課程修了
　　　　　　博士（情報工学）
　2000 年　九州工業大学情報工学部知能情報工学科助手
　2006 年　岩手県立大学ソフトウェア情報学部講師
　　　　　　現在に至る

編集担当　大野裕司（森北出版）
編集責任　富井　晃（森北出版）
組　　版　藤原印刷
印　　刷　同
製　　本　同

C による アルゴリズムとデータ構造 © 松原雅文・山田敬三　2021

2021 年 8 月 18 日　第 1 版第 1 刷発行　【本書の無断転載を禁ず】
2023 年 9 月 25 日　第 1 版第 2 刷発行

著　　者　松原雅文・山田敬三
発 行 者　森北博巳
発 行 所　森北出版株式会社
　　　　　東京都千代田区富士見 1-4-11（〒 102-0071）
　　　　　電話 03-3265-8341／FAX 03-3264-8709
　　　　　https://www.morikita.co.jp/
　　　　　日本書籍出版協会・自然科学書協会　会員
　　　　　JCOPY ＜（一社）出版者著作権管理機構 委託出版物＞

落丁・乱丁本はお取替えいたします.

Printed in Japan／ISBN978-4-627-81871-2